Da Inicialização ao Sucesso: Lições aprendidas na jornada empreendedora

POR
Nora Olivia

Índice

8) Criando uma Cultura de Empresa Vencedora: Motivando e Envolvendo Seus Funcionários

9) Iniciando sua inicialização: maximizando seus recursos

10) Aproveitando a tecnologia: ferramentas e recursos para o crescimento

11) Comercialize sua startup: construindo sua marca e base de clientes

12) Estratégias de Vendas: Fechando Negócios e Aumentando a Receita

13) Dimensionando seus negócios: navegando no crescimento e na expansão

14) Evitando armadilhas empresariais comuns

15) Gerenciando suas finanças: orçamento, previsão e fluxo de caixa

16) Gerenciamento Eficaz do Tempo: Priorizando e Delegando Tarefas

17) Equilíbrio entre vida profissional e pessoal: mantendo sua saúde e seus relacionamentos

18) Retribuindo: Responsabilidade Social Corporativa e Filantropia

19) Preparando-se para o futuro: construindo sua estratégia de saída

20) Lições aprendidas: reflexões e percepções de empreendedores de sucesso

Introdução:

Embarcar no tumultuado caminho do empreendedorismo é como entrar em uma natureza selvagem, armado com nada além de um recurso de sonhos e um espírito invariável. É uma viagem repleta de questionamentos, um cotilhão entre triunfos e deslizes, onde a estrada para o sucesso serpenteia por lares desconhecidos. através do fracasso que ilumina o caminho para o triunfo. Junte-se a nós enquanto nos agarramos às histórias de bruxas de colonos visionários que ousaram sonhar e converteram seus humildes lançamentos em contos triunfantes de realização. Prepare-se para uma odisséia convincente de manobras estratégicas, determinação sombria e atribuições inestimáveis gravadas no tecido da história empresarial. Prepare-se para amadurecer a percepção daqueles que suportaram a emocionante montanha-russa de transformar sonhos em realidade. Com cada corredor transformado, você descobrirá os segredos, obstáculos e momentos transformadores que abriram o caminho para seu extraordinário sucesso. Seja você um empreendedor iniciante em busca de alívio ou um visionário educado em busca de novas perspectivas, esta profunda viagem de descoberta o capacitará a seguir em frente, fortalecido com a sabedoria adquirida daqueles que trilharam esse caminho emocionante antes de você. O caminho para o sucesso pode ser infiel, mas munido dessas atribuições inestimáveis; você também pode navegar pelas águas desconhecidas do empreendedorismo e embarcar em sua própria viagem transformadora. Com cada corredor transformado, você descobrirá os segredos, obstáculos e momentos transformadores que abriram o caminho para seu extraordinário sucesso. Seja você um empreendedor iniciante em busca de alívio ou um visionário educado em busca de novas perspectivas, esta profunda viagem de descoberta o capacitará a seguir em frente, fortalecido com a sabedoria adquirida daqueles que trilharam esse caminho emocionante antes de você. O caminho para o sucesso pode ser infiel, mas munido dessas atribuições inestimáveis; você também pode navegar pelas águas desconhecidas do empreendedorismo e embarcar em sua própria viagem transformadora. Com cada corredor transformado, você descobrirá os segredos, obstáculos e momentos transformadores que abriram o caminho para seu extraordinário sucesso. Seja você um empreendedor iniciante em busca de alívio ou um visionário educado em busca de novas perspectivas, esta profunda viagem de descoberta o capacitará a seguir em frente, fortalecido com a sabedoria adquirida daqueles que trilharam esse caminho emocionante antes de você. O caminho para o sucesso pode ser infiel, mas munido dessas atribuições inestimáveis; você também pode navegar pelas águas desconhecidas do empreendedorismo e embarcar em sua própria viagem transformadora. esta profunda viagem de descoberta irá capacitá-lo a seguir em frente, fortalecido com a sabedoria adquirida daqueles que trilharam este caminho emocionante antes de você. O caminho para o sucesso pode ser infiel, mas munido dessas atribuições inestimáveis; você também pode navegar pelas águas desconhecidas do empreendedorismo e embarcar em sua própria viagem transformadora. esta profunda viagem de descoberta irá capacitá-lo a seguir em frente, fortalecido com a sabedoria adquirida daqueles que trilharam este caminho emocionante antes de você. O caminho para o sucesso pode ser infiel, mas munido dessas atribuições inestimáveis; você também pode navegar pelas águas desconhecidas do empreendedorismo e embarcar em sua própria viagem transformadora.

Capítulo 1

A Mentalidade Empreendedora: Construindo uma base para o sucesso

O caminho empreendedor é delicado, mas para quem está pronto para arriscar e trabalhar duro, pode ser extremamente gratificante. Ter a inteligência correta é tão importante para o sucesso empresarial quanto ter uma grande ideia. Este ensaio discutirá o valor de ter um espírito empreendedor e oferecerá maneiras de estabelecer as bases para o sucesso.

O que é exatamente uma mentalidade empreendedora?

A inteligência empreendedora é um sistema de permissão que prioriza a criatividade, a invenção e evita armadilhas. É a capacidade de identificar possibilidades e transformá-las em apostas frutíferas. O empreendedorismo é uma mentalidade que pode ser adquirida e aprimorada com o tempo; não é uma mercadoria essencial para todos os empreendedores.

A inteligência empreendedora exibe as seguintes taxas salientes

Os empreendedores são adequados para transmitir suas ideias a outras pessoas e ter uma ideia clara do que desejam negociar.

Criatividade Os empreendedores podem resolver problemas de forma criativa e fora da caixa.

Adaptabilidade para iniciar um negócio não é uma viagem fácil; assim, os empresários precisam ter a capacidade de continuar quando os efeitos forem difíceis.

Os empresários estão preparados para cair em armadilhas aconselhadas para alcançar suas pretensões.

Desenvoltura Os empreendedores podem aproveitar ao máximo seus fundos e encontrar soluções criativas para os problemas.

Os empreendedores são adaptáveis e podem ajustar seus planos conforme a situação exigir.

Por que uma mentalidade empreendedora é importante?

Por uma variedade de razões, ter uma mentalidade empreendedora é essencial. Os empreendedores podem usá-lo para identificar originalmente as aberturas que outros podem ignorar. Por serem criativos e imaginativos, os empreendedores podem produzir ideias de negócios únicas que têm a possibilidade de serem amplamente bem-sucedidas.

Além disso, ter um posto empreendedor estimula os empreendedores a persistirem diante das dificuldades. Haverá obstáculos e falhas ao iniciar um negócio. Empresários com fortes inclinações são adequados para se recuperar desses lapsos e continuar com seu progresso.

Eventualmente, a capacidade de enfrentar armadilhas medidas é uma vantagem de ter uma estação empreendedora. A ameaça está sempre presente ao iniciar um negócio, mas aqueles que podem estimar e controlar as ameaças têm uma chance avançada de sucesso.

Como desenvolver uma mentalidade empreendedora

Depois de estabelecer a importância da inteligência empreendedora, vejamos alguns estilos para cultivá-la.

Produza uma visão clara Criar uma visão clara de suas pretensões é o primeiro passo para desenvolver uma estação empreendedora. Essa visão precisa ser clara, quantificável e realizável. Você deve colocar sua visão escrita onde puder vê-la todos os dias.

Esteja disposto a aprender Empresários de sucesso estão constantemente aprendendo e se desenvolvendo. Eles buscam laboriosamente oportunidades para aprender com os outros e não são histéricos para admitir sua ignorância. Venha dedicado à alfabetização ao longo da vida e procure instrutores e outros empresários de sucesso que possam oferecer conselhos e apoio.

Aceite o fracasso O caminho empreendedor envolve inescapavelmente o fracasso. Empreendedores com uma perspectiva positiva veem o fracasso como uma chance de aprender e avançar, em vez de permitir que isso os desencoraje. Quando você falhar, pare e pense sobre o que deu errado e o que você pode fazer na próxima vez.

Tome armadilhas razoáveis Empresários de sucesso não correm riscos descuidados. Antes de agir, eles estimam os possíveis preços e riscos implícitos de uma escolha. Pergunte a si mesmo quais são os potenciais benefícios e desvantagens de uma ameaça antes de fazê-lo. Pode valer a pena aceitar a ameaça se os preços possíveis ultrapassarem as armadilhas.

Mantenha uma posição positiva O desenvolvimento da inteligência empreendedora requer uma posição positiva.
Bússola, rede e união Empresários bem-sucedidos estão apreensivos com o valor de estabelecer conexões com outras pessoas. Eles procuram oportunidades de se conectar e trabalhar em conjunto com outros empresários, financiadores e instrutores. Participe de conferências e eventos de networking, bem como de grupos online onde você pode conhecer outras pessoas que compartilham de seus interesses.
Mantenha sua atenção Disciplina e atenção são necessárias para fazer um negócio de sucesso. Mantenha o foco em seus objetos e mantenha as distrações

afastadas. Certifique-se de se responsabilizar por alcançar seus objetos diurnos, diários e anuais, definindo-os.

Seja engenhoso Empreendedores de sucesso são adequados para maximizar seus cofres disponíveis. Isso exige invenção e resultados para problemas com cofres escassos. Procure soluções acessíveis para os problemas e não tenha vergonha de pedir apoio quando o suportar.

Aceite a mudança O caminho empresarial é cheio de divergências, e empresários prósperos são adequados para se aclimatar às condições de mudança. Seja flexível e pronto para reorientar sua empresa conforme necessário.

Eventualmente, é importante festejar e apreciar suas realizações. Erguer uma grande empresa é uma viagem, por isso é fundamental reservar um tempo para comemorar seus sucessos e se alegrar com seu progresso.

Em conclusão, desenvolver um negócio eficaz requer uma estação empreendedora. Os empreendedores podem estabelecer uma base sólida para o sucesso tendo uma visão clara, estando abertos à alfabetização, abraçando o fracasso, assumindo riscos medidos, permanecendo auspiciosos, fazendo networking e colaborando, mantendo o foco, sendo engenhosos, abraçando a mudança e aproveitando o sucesso. Lembre-se de que ter um posto empreendedor é um dom que pode ser adquirido com o tempo; não é uma mercadoria com a qual você nasceu. Qualquer um pode ter sucesso como empreendedor com comprometimento, problemas e uma posição sólida.

Capítulo 2

Identificando uma ideia de negócio vencedora

Testar a concepção de uma empresa de sucesso é um dos aspectos mais importantes para iniciar um negócio. Mas pode ser cansativo saber por onde começar com a cornucópia de druthers
e problemas. Veremos algumas ideias e táticas neste post para criar uma concepção de empresa com potencial para ser bem-sucedida.

Comece com seus interesses e emoções Começar com seus interesses e emoções é uma das melhores maneiras de encontrar a concepção de uma empresa de sucesso. Pense em como você pode transformar uma empresa de sucesso naquilo que deseja fazer em seu tempo livre. Por exemplo, se você adora culinária, pode abrir um food truck ou uma empresa de alimentação.

Quebre um problema. Empresas de sucesso começam constantemente com um desafio que deve ser superado. Considere as dificuldades e chatices que você testemunha em sua própria vida e como você pode desenvolver um bem ou serviço que resolva essas questões. Por exemplo, você pode abrir uma empresa de limpeza se tiver dificuldade para manter sua casa arrumada.

Solicitar exploração é fundamental depois que você tem um conceito em mente para determinar se há necessidade de seu produto ou serviço. Observe as empresas em seu campo que são semelhantes à sua e observe o que elas estão fazendo certo e quaisquer lacunas implícitas que você possa abordar.

Determine sua solicitação de destino sabendo que sua solicitação de destino é essencial para criar um conceito de empresa de sucesso. Imagine quem é seu cliente ideal, quais são suas condições e desejos e como seu produto ou serviço pode atender a essas demandas.

Examine a concorrência é fundamental considerar a concorrência ao escolher um plano de empresa de sucesso. Examine o que seus rivais estão fazendo bem e todas as áreas em que você pode se diferenciar aos poucos. Suponha que você pode dar uma mercadoria diferente ou superior ao que foi entregue anteriormente.

Ao escolher um conceito de empresa de sucesso, leve em consideração as finanças, pois abrir um negócio envolve um compromisso fiscal. Considere as taxas associadas à manhã e à manutenção de seu estabelecimento, bem como a quantidade de plutocratas que você pode esperar trazer.

Teste sua concepção É fundamental testar a concepção de sua empresa antes de dedicar muito tempo e recursos a ela. Para determinar se há demanda para seu produto ou serviço, suponha que você comece com uma operação de pequena escala. Isso pode incluir o desenvolvimento de um protótipo ou fornecer seus serviços para fechar mosqueteiros e parentes.

Obter opiniões são essenciais para aprimorar e impulsionar a concepção da sua empresa. Peça informações de consumidores em potencial, profissionais do setor e outros proprietários de empresas. Considere se inscrever em um acelerador de empresa ou programa de incubadora onde você pode receber conselhos e orientações de instrutores experientes.

Eventualmente, é fundamental manter a inflexibilidade ao escolher a concepção de uma empresa de sucesso. Esteja preparado para mudar de curso, se necessário, à medida que a solicitação e as necessidades de seus convidados evoluem. Mantenha-se flexível e pronto para mudar conforme necessário.

Em conclusão, a escolha de um conceito de empresa de sucesso requer estudo e investigação significativos. Você pode produzir uma ideia de negócio com potencial para ser bem-sucedida, começando com suas emoções e interesses, trabalhando em um problema, sondando a solicitação, relacionando-se com seu cliente-alvo, avaliando a concorrência, levando em consideração as finanças, testando sua ideia, obter feedback e permanecer adaptável. Tenha em mente que estabelecer um negócio é uma jornada, e alcançar uma concepção de negócio rentável é apenas o primeiro passo. Você pode transformar sua ideia em um negócio de sucesso com perseverança, comprometimento e um pouco de sorte.

Use uma análise geek para estimar as vantagens, desvantagens, aberturas e armadilhas associadas aos serviços que sua empresa oferece. Leve em consideração tanto as variáveis internas que você pode controlar, como suas capacidades e cofres, quanto as variáveis externas que podem influenciar sua empresa, incluindo tendências de demanda e concorrência.
Suponha que sobre escalabilidade é fundamental levar em conta a escalabilidade ao escolher um conceito de empresa de sucesso. Suponha que a concepção de sua empresa possa ser aplicada de forma mais astronômica e se ela pode ser bem-sucedida a longo prazo.
Considere sua proposta única de venda (USP) Sua empresa se destaca da concorrência graças ao seu USP. Considere o ponto de venda exclusivo de seus produtos ou serviços e como você pode explicá-lo ao seu público-alvo.

É fundamental levar em consideração seus pontos fortes e fracos, pois abrir um negócio exige muito esforço e comprometimento. Considere suas capacidades e experiência, bem como quaisquer áreas em que você precise se desenvolver ou se matricular com apoio externo.

Busque tendências de assiduidade Arriscar a concepção de uma empresa de sucesso requer estar atualizado com as tendências do setor. Fique atento às novas tendências do seu setor e pense em como a concepção da sua empresa pode se beneficiar delas.

Suponha que, na época de lançamento de um negócio, o tempo seja fundamental. Suponha se o pedido está pronto para a concepção da sua empresa e se é oportuno e aplicável. Por exemplo, se você está pensando em lançar um negócio no setor de tecnologia, pergunte se já existe estrutura e tecnologia para apoiar sua ideia de negócio.

Ter em conta as condições legais e não fiscalizadoras O cumprimento dos regulamentos legais e não fiscalizadores é necessário para abrir um estabelecimento. Ao estimar como você se comportará mal com eles, certifique-se de estar ciente das normas legais e não-supervisionais que se aplicam ao seu tipo de negócio e setor.

Produza um pelotão sólido Uma empresa de sucesso precisa de uma equipe sólida. Imagine as pessoas de que você precisará em seu pelotão e como reter e manter os funcionários estilosos enquanto trabalha para concretizar a concepção de sua empresa.

Suponha que sobre a posição o sucesso do seu estabelecimento pode ser muito afetado por sua posição. Suponha sobre os aspectos práticos de operar naquele local, bem como se a ideia da sua empresa é mais adequada para essa posição.

Produzir uma estratégia de marketing Para atrair e manter os consumidores, o marketing é essencial. Produza uma estratégia de marketing que explique como você se conectará com seu público-alvo, compartilhará seu USP e aumentará o reconhecimento da marca.

Seja entusiasta e paciente Arriscar a concepção de uma empresa de sucesso requer paixão e paciência. Certifique-se de estar entusiasmado com sua concepção e pronto para dedicar tempo e trabalho para torná-la um sucesso antes de iniciar um negócio.

Em conclusão, alcançar uma concepção de empresa bem-sucedida requer uma combinação de investigação, avaliação e invenção. Você pode produzir uma concepção de empresa que tenha a capacidade implícita de ser bem-sucedida, levando em consideração seus sentimentos e interesses, abordando um problema, estudando a solicitação, avaliando a concorrência, levando em consideração as finanças, testando sua ideia, inserindo feedback e sendo adaptável.

Não se esqueça de levar em consideração novos rudimentos, incluindo escalabilidade, tendências de solicitação, requisitos legais e não-supervisionais, posição e conformação do pelotão. Você pode transformar a concepção de sua empresa em um negócio lucrativo se tiver uma base sólida e um forte senso de propósito.

Capítulo 3

Realização de pesquisas de mercado: Entendendo seu cliente e a concorrência

Ao iniciar um negócio, a exploração de solicitações é fundamental para entender seu público-alvo e a concorrência. Solicitar exploração pode fornecer dados instrutivos que podem ajudá-lo a formar opiniões sobre o seu negócio, como relacionar aberturas, desenvolver estratégias de marketing eficazes e conservar a competitividade em seus esforços.
Nesta composição, abordaremos a importância da exploração de solicitações e como entender seus concorrentes e solicitações de destino.

Por que a pesquisa de mercado é importante?
A exploração de solicitação fornece informações úteis sobre os requisitos e hábitos de sua solicitação de destino. Isso

pode ajudá-lo a desenvolver estratégias de marketing eficazes, manter sua posição como líder do setor e procurar maneiras de melhorar seus produtos ou serviços.

Da mesma forma, a exploração de solicitações pode ajudá-lo a identificar armadilhas e desafios implícitos, como mudanças nas preferências do cliente ou tendências de assiduidade, e produzir planos visionários para resolvê-los.

Além disso, a exploração de solicitações pode ajudá-lo a decidir por sua empresa em questões como preço, recursos do produto e canais de marketing com base em dados e perceptivamente, em vez de empresas ou hipóteses.

Formas de conduzir pesquisas de mercado

Determine seus objetivos de exploração

Antes de realizar qualquer exploração solicitada; é importante definir seus objetos de estudo. Escolha as informações que deseja coletar, como dados demográficos, preferências do cliente e padrões de obtenção, ou as excrescências e pontos fortes dos desafiantes.

Escolha sua solicitação de destino

Selecione o grupo de convidados com maior probabilidade de comprar seus produtos ou serviços. Isso pode ajudá-lo a se concentrar em suas perguntas de estudo e obter dados aplicáveis.

Escolha suas formas de exploração, você pode usar uma variedade de estilos de exploração, como verificações, grupos de foco e exploração secundária, para descobrir mais sobre sua solicitação de destino e rivais. Escolha a(s) estratégia(s) que se ajusta(m) com elegância aos seus objetivos de estudo e restrições populares.

Produza uma pesquisa ou questionário Para ajudá-lo a obter os dados de que precisa, produza uma série de perguntas para usar em verificações ou questionários. Considere fazer uma exploração dos dados demográficos, preferências, ações e situações de satisfação de seus convidados.

Quando terminar de criar seu cheque ou questionário, é hora de começar o estudo. Para fazer isso, você pode entrar em contato com os hóspedes por meio de mídia social ou despacho, hospedar grupos focais ou coletar dados de fontes secundárias.

Dissecar os dados Depois de adquirir suas informações, verifique-as para encontrar padrões, tendências e novas informações. Procure temas ou padrões repetidos que possam afetar as opiniões que sua empresa faz.

Tire conclusões e tome medidas Aplique as informações que você aprendeu com sua solicitação de exploração para tirar conclusões e agir em nome de sua empresa. Considere como você pode melhorar seus produtos ou serviços, melhorar suas estratégias de marketing ou manter sua posição como líder de afinidade.

Entendendo seu cliente

Ao realizar a exploração de solicitações, é essencial entender o público-alvo. Isso inclui dados demográficos, preferências, ações e visualizações de seus produtos ou serviços.

Demografia Entender as características de sua solicitação de destino pode ajudá-lo a desenvolver produtos e serviços que satisfaçam seus requisitos e preferências. Considere fatores como idade, sexo, renda, posição educacional e terreno.

Você pode desenvolver produtos ou serviços especialmente adaptados aos requisitos do cliente ao entender suas preferências. Considere fatores como atributos do produto, preço e embalagem.

Compreender a obtenção de clientes pode ajudá-lo a identificar oportunidades para melhorar seus produtos ou serviços ou desenvolver estratégias de marketing eficazes. Considere generalidades como tendências de compra, processos de tomada de decisão e fidelidade à marca.

Você pode identificar áreas em que pode atualizar ou melhorar seus produtos ou serviços ao entender como os hóspedes se sentem em relação a eles. Considere fatores como feedback do consumidor, avaliações e comentários sobre a satisfação.

Entendendo sua concorrência
Tão importante quanto conhecer seu público-alvo conhece sua concorrência. Isso abrange efeitos como o compartilhamento de solicitações, estratégias de marketing e pontos fortes e fracos.
Pontos fortes e fracos Comparar os benefícios e as desvantagens de seus rivais pode ajudá-lo a ter ideias inovadoras para se destacar da concorrência ou aprimorar seus produtos e serviços.

Parte do pedido Entender a parte do pedido que seus rivais agora possuem ajudará você a avaliar sua capacidade de competir. Você pode descobrir mais sobre o compartilhamento de solicitações de seus rivais usando fontes secundárias, como estudos de afinidade ou empresas de exploração de solicitações.

Você pode identificar áreas para aprimoramento ou maneiras de se destacar em seus suores de marketing ao ficar apreensivo com a forma como seus concorrentes promovem. Considere o condicionamento destinado a interagir com os consumidores, estratégias de preços e meios de publicidade.
Juntamente com esses fatores, é importante considerar as tendências e dinâmicas de solicitação mais amplas porque elas podem ter um impacto em sua associação. A solicitação pode ter sido mais competitiva, as preferências do consumidor mudaram ou a tecnologia evoluiu.

Benefícios da exploração de solicitações

Os seguintes benefícios de realizar a exploração de solicitações para o seu negócio podem ser mencionados. Possibilidades de exploração de solicitações podem ajudá-lo a encontrar possibilidades de fazer novas solicitações, aprimorar bens ou serviços, ou aprimorar ser ossos. público-alvo, você pode produzir estratégias de marketing eficazes.

Manter a Competitividade:A Exploração de Solicitação pode ajudá-lo a manter uma vantagem competitiva em sua assiduidade, relacionando as tendências de alteração de solicitação, as vantagens e desvantagens dos desafiadores e novas armadilhas.

Fazer de opiniões informadas um pedido de exploração pode ajudá-lo a decidir sobre os preços, características do produto e táticas de marketing de sua empresa sem ter que calcular com base em hipóteses ou suposições fundamentadas.
Conclusão
Um negócio de sucesso começa com um pedido de exploração e cresce a partir daí. Ele fornece dados abrangentes sobre preferências, hábitos, vantagens competitivas e desvantagens de sua

solicitação de destino. Ao fazer a exploração de solicitações, você pode descobrir estilos para melhorar seus produtos ou serviços, desenvolver estratégias de marketing eficazes e manter uma vantagem competitiva em seu empreendimento. Além disso, pode ajudá-lo a formar opiniões sobre o seu negócio com base em dados e perceptivamente, em vez de hipóteses ou suposições informadas.

Capítulo 4

Criando um plano de negócios: traçando seu curso para o sucesso

Para todo empreendedor que planeja lançar uma nova empresa ou desenvolver uma já existente, um plano de negócios é uma ferramenta essencial. Ele atua como um roteiro para o futuro da sua empresa, definindo seus objetivos e sugerindo abordagens para o sucesso. Os fatores essenciais de um bom plano de negócios serão discutidos nesta composição, juntamente com dicas sobre como redigir um.

Por que um plano de negócios é importante
Uma estratégia de negócios é necessária por vários motivos, como
Definindo a concepção da sua empresa a concepção do seu negócio, incluindo seus produtos ou serviços, mercado-alvo e vantagem competitiva, pode ser definida

com mais precisão com a utilização de um plano de negócios.

Definindo pretensões e objetivos Um plano de negócios auxilia na criação de metas e objetivos atingíveis e quantificáveis para sua empresa que podem atuar como indicadores de sucesso.

Relacionando possíveis problemas Um plano de negócios permite identificar problemas e perigos implícitos que sua empresa pode testemunhar e estabelecer estratégias de mitigação.

Ao dar a eles uma ideia clara de sua concepção de negócios, estimativas fiscais e eventualidades de desenvolvimento, um plano de negócios bem escrito pode ajudá-lo a atrair possíveis investidores ou credores.

A responsabilidade é promovida e sua empresa é mantida no caminho certo com a ajuda de um plano de negócios, que oferece uma estrutura para monitorar e avaliar seu progresso em relação a suas pretensões e objetivos.

Rudimentos que compõem um plano de negócios

Os seguintes fatores essenciais devem estar presentes em um plano de negócios um breve resumo Sua concepção de negócios, solicitação de meta, vantagem competitiva, prognósticos fiscais e eventualidade de crescimento devem ser resumidos de forma compacta nesta seção.

Descrição do Negócio Nesta área, você deve dar uma explicação mais detalhada sobre a concepção do seu negócio, incluindo as particularidades ou serviços que deseja oferecer, seu público-alvo, seu diferencial competitivo e sua eventualidade de expansão.

Análise de solicitação Nesta área, você deve dissecar os dados demográficos de sua solicitação de destino, bem como o tamanho, as tendências e a posição da solicitação no mercado.

Preços, publicidade e distribuição devem ser incluídos na parte de táticas de marketing e negociação do seu ensaio.

Operação e Organização Nesta área, você deve descrever a estrutura de operação da sua empresa, incluindo seus principais atores e suas atribuições.

Prognósticos fiscais Incluídos nesta parte deve haver uma análise de equilíbrio, um resumo de suas condições de apoio e prognósticos fiscais, semelhantes a declarações de renda, balanços e declarações de entrada de caixa.

suplementos Esta parte deve conter todos os detalhes novos que sejam relevantes para seus planos de negócios, como currículos importantes da força de trabalho, descrições de seus produtos ou serviços ou estatísticas de sua solicitação de exploração.

Como Escrever um Plano de Negócios

Embora escrever um plano de negócios possa ser delicado e demorado, é fundamental para o sucesso de sua empresa. Em seguida, algumas condutas são necessárias para conduzir Pesquisa de mercado Entender sua solicitação de destino, localizar rivais em potencial e criar planos de marketing vencedores, tudo depende da condução da exploração da solicitação. Para saber mais sobre sua solicitação, use uma variedade de métodos, incluindo verificações, grupos focais e fontes secundárias.

Defina sua concepção de negócio, incluindo seus produtos ou serviços, solicitação de destino e vantagem competitiva, com base na exploração de sua solicitação.

Estabeleça pretensões e objetivos Faça uso de sua concepção de negócios ao estabelecer pretensões e objetivos sensatos e quantificáveis para sua empresa. Estes devem conter objetos de curto e longo prazo.

Produzir Estratégias e Táticas produzir estratégias e táticas para ajudá-lo a atingir suas pretensões e objetivos. Estes devem incluir planos fiscais, estratégias funcionais e estratégias de marketing e negócios.

Produzir prognósticos fiscais Faça prognósticos fiscais, semelhantes a declarações de renda, saldo de perdas e declarações de entrada de caixa, usando seus planos e métodos.

Depois de concluir os processos mencionados acima, desenvolva seu plano de negócios apegando-se aos fatores essenciais descritos acima.

Seu plano de negócios deve ser revisado e simplificado.

A estratégia da sua empresa não é uma coisa única que você anota e também ignora. Deve ser revisado e simplificado periodicamente porque é um documento vivo e deve permanecer atualizado. Os conselhos a seguir podem ajudá-lo a examinar e modernizar o cronograma de seu plano de negócios. Decida quando você estimará e modernizará a estratégia de sua empresa. Dependendo das demandas do seu estabelecimento, isso pode ser feito periodicamente, semestralmente ou anualmente.

Avalie o progresso Use a estratégia de sua empresa como um companheiro para avaliar o quão bem você está indo para atingir suas metas. Você está tendo sucesso em suas pretensões? Por que não, se não? Use esse conhecimento para modificar sua estratégia e tática conforme necessário.

Mantenha-se atualizado Mantenha o plano de sua empresa atualizado com as mais recentes demandas do consumidor, solicitações de tendências e avanços de assiduidade. Isso o ajudará a ficar um passo à frente da concorrência e a descobrir novas perspectivas de desenvolvimento.

Solicite informações sobre a estratégia de sua empresa de conselhos confiáveis, como instrutores, colegas ou treinadores de negócios. Isso pode fornecer informações perceptivas e mostrar onde você tem pontos cegos ou espaço para aprimoramento.

Use o plano da sua empresa como uma ferramenta de marketing Especialmente ao procurar capital ou conexões, o plano da sua empresa pode ser uma poderosa ferramenta de marketing. Use-o para demonstrar a potenciais investidores ou parceiros de negócios a concepção de sua empresa, vacinas fiscais e perspectivas de crescimento.

Conclusão

Uma etapa fundamental para iniciar ou expandir um negócio é desenvolver uma estratégia de negócios. Ele atua como um roteiro para o futuro de sua empresa e auxilia na explicação da concepção, definição de coisas e desenvolvimento de planos e táticas para o sucesso.

Você pode estabelecer um plano de negócios completo que o ajudará a traçar seu caminho para o sucesso, realizando a exploração de solicitações, definindo sua concepção de negócios, definindo pretensões e objetivos, formulando estratégias e táticas e produzindo prognósticos fiscais. Para manter seu plano de negócios atualizado e aplicável, não se esqueça de revisá-lo e alterá-lo constantemente.

capítulo 5

Encontrando Financiamento: Estratégias para financiar sua startup

Começar um novo negócio pode ser uma iniciativa e uma viagem cansativa. Um dos maiores desafios enfrentados pelos empreendedores é arriscar o respaldo exigido para lançar e fazer crescer o seu lançamento. Nesta composição, exploraremos algumas estratégias para financiar seu lançamento.

Poupança pessoal Uma das maneiras mais simples de financiar um lançamento é usando suas economias particulares. Isso permite que você evite contrair dívidas ou abrir mão do patrimônio em seu negócio. No entanto, considere trabalhar em um emprego paralelo ou reduzir seus custos para liberar mais dinheiro para o lançamento, se você não tiver economias específicas suficientes.

Mosqueteiros e família Outra opção é buscar o apoio de mosqueteiros e familiares. Essa pode ser uma boa opção se você tiver uma rede de indivíduos probatórios dispostos a investir em seu negócio. Ainda assim, é importante abordar isso individualmente e ter acordos claros para evitar conflitos implícitos no futuro.

O crowdfunding tornou-se uma maneira popular de os empreendedores levantarem fundos para seus lançamentos. Isso envolve criar uma campanha em uma plataforma de crowdfunding, semelhante ao Kickstarter ou Indiegogo, e oferecer impulsos para individualizar quem contribui para sua campanha. É importante ter uma cruzada bem elaborada com uma comunicação clara e proposta de valor para atrair investidores implícitos.

Os investidores anjos são indivíduos gordos que investem em lançamentos em troca de ações ou uma participação nos ganhos da empresa. Eles geralmente investem quantidades menores do que os plutocratas de aventura e podem fornecer orientação ou orientação para o lançamento. Para atrair investidores anjo, você precisará ter uma concepção de negócio atraente, um plano de negócios sólido e um pelotão forte.

Os plutocratas de risco são investidores profissionais que dão suporte a start-ups com alto potencial de crescimento. Eles geralmente investem quantidades maiores do que os investidores anjos e podem ter uma participação maior na empresa. Para atrair plutocratas aventureiros, você precisará ter um histórico sólido, um modelo de negócios comprovado e um plano claro para expandir seus negócios.

Empréstimos para Administração de Pequenas Empresas (SBA) o SBA oferece empréstimos a pequenas empresas para ajudá-las a iniciar e expandir seus negócios. Esses empréstimos geralmente têm taxas de juros mais baixas e condições mais favoráveis do que os empréstimos tradicionais, tornando-os uma opção sedutora para os empreendedores. Para se qualificar para um empréstimo da SBA, você precisará ter um plano de negócios sólido, uma pontuação de crédito sólida e garantias para garantir o empréstimo.

Subvenções Há uma variedade de subvenções disponíveis para empreendedores de agências governamentais, com fins lucrativos e associações privadas. Essas subvenções podem dar um respaldo sem a necessidade de abrir mão do patrimônio do seu negócio. Ainda assim, o processo de operação pode ser competitivo e demorado.

Conclusão

Apoiar seu lançamento pode ser uma tarefa cansativa, mas há uma variedade de opções disponíveis para os empreendedores. Ao exercer economias específicas, buscando o apoio de mosqueteiros e familiares, Crowdfunding, atraindo investidores anjos ou plutocratas aventureiros, solicitando empréstimos ou subvenções da SBA, os empreendedores podem financiar seus lançamentos e dar vida às suas ideias de negócios.

É importante escolher a estratégia de apoio certa para o seu negócio e ter um plano de negócios bem elaborado, um pelotão forte e um histórico sólido para atrair investidores ou credores.

Quando se trata de arriscar o suporte para o lançamento, é importante entender os prós e os contras de cada opção de suporte. Poupanças específicas e apoio de mosqueteiros e familiares podem ser bastante fáceis de obter, mas também significa que você pode ter finanças limitadas para trabalhar. O crowdfunding pode ser uma boa maneira de levantar fundos rapidamente, mas também pode ser amplamente competitivo e requer muitos problemas para produzir uma cruzada bem-sucedida.

Investidores anjo e plutocratas aventureiros podem dar um apoio significativo, mas também antecipam um alto retorno sobre seus investimentos e podem ter uma grande participação acionária em sua empresa. É importante considerar precisamente se este é o caminho certo para o seu negócio e estar preparado para abrir mão de algum controle sobre sua empresa.

Os empréstimos da SBA podem ser uma opção sedutora para pequenas empresas, mas também possuem um forte plano de negócios, histórico de crédito sólido e garantias para garantir o empréstimo. Solicitar subvenções pode ser uma boa maneira de obter apoio sem abrir mão do patrimônio, mas também pode ser um processo amplamente competitivo com muita papelada e burocracia.

Além de entender os prós e os contras de cada opção de apoio, também é importante considerar o impacto do apoio em seu negócio. Por exemplo, contrair dívidas pode pressionar sua empresa a induzir lucro rapidamente, enquanto desistir do patrimônio pode significar abrir mão do controle sobre importantes opiniões comerciais.

Ao criar um plano de negócios, é importante ter uma compreensão clara de suas necessidades de apoio e desenvolver uma estratégia de apoio que se alinhe com suas ambições de negócios. Isso pode envolver uma combinação de fontes de apoio, como economias especiais, investimento anjo e subvenções.

Também é importante ser realista sobre suas necessidades de apoio e ter um plano de contingência caso os efeitos não ocorram como planejado. Isso pode envolver relacionar outras fontes implícitas de apoio, como cartões de crédito ou empréstimos específicos, ou desenvolver estratégias para reduzir custos e melhorar a lucratividade.

Em conclusão, arriscar o apoio para o seu lançamento é um passo importante para dar vida à sua ideia de negócio. Compreendendo os prós e contras de cada opção de apoio, desenvolvendo um plano de negócios sólido e tendo uma compreensão clara de suas necessidades e pretensões de apoio, você pode produzir uma estratégia de apoio que se alinhe com o seu negócio e o prepare para o sucesso.

Capítulo 6

Considerações legais: navegando em contratos, patentes e marcas registradas

É fundamental levar em consideração as questões legais ao iniciar um negócio ou ao se envolver em qualquer tipo de empreendimento comercializável para garantir que a operação esteja em conformidade com todas as leis aplicáveis. Contratos, patentes e marcas registradas são as três disciplinas jurídicas mais importantes de se compreender. Todos esses são instrumentos essenciais para gerenciar armadilhas, definir perspectivas e proteger a propriedade intelectual e outros meios.

Contratos

Um acordo bastante vinculativo que especifica os termos e condições de uma venda ou relacionamento é conhecido como contrato. Os contratos podem ser verbais ou escritos, mas os acordos escritos são geralmente preferidos, pois oferecem um registro preciso dos termos alcançados. Contratos de negociação, contratos de trabalho, contratos de arrendamento e contratos de serviço são apenas alguns exemplos de formas de contrato típicas.

Certificar-se de que ambas as partes compreendem os termos e condições de um contrato é um dos fatores mais importantes a serem levados em consideração. Isso implica que qualquer linguagem especializada ou gíria específica do setor deve ser esclarecida ou explicada e que a linguagem do contrato deve ser direta e inequívoca. Além disso, antes de assinar o acordo, cada parte deve ter a chance de avaliá-lo, levantar questões e obter uma explicação.

Certificar-se de que o contrato é executável também é um fator fundamental. Isto implica que o contrato deve obedecer a normas legais específicas, como a livre celebração de todas as partes, e que o seu conteúdo não deve ser ilícito ou contrário à ordem pública. Em algumas circunstâncias, para que um contrato seja executável, também pode ser necessário que seja por escrito e assinado por todas as partes.

Eventualmente, é fundamental imaginar o que aconteceria se uma pessoa quebrasse o acordo. Isso pode incluir a definição dos mandados aplicáveis para a violação, semelhante a exigir que o ofensor faça uma reparação ou tome medidas específicas para corrigi-la. Para evitar ações caras e demoradas, também pode incluir a incorporação de cláusulas para acordos conflitantes, semelhantes a arbitragem ou acordos.

Patentes

Uma patente é um título bastante honrado que, por um certo período de tempo, concede ao seu titular a única capacidade de produzir, usar e manipular uma invenção. Ao permitir que os formuladores ganhem dinheiro com suas ideias, as patentes visam promover a criatividade. Eles também incentivam a publicação de novas ideias para que outros possam desenvolvê-las.

Um inovador deve enviar um pedido de patente ao órgão governamental aplicável para obter uma patente. A operação deve conter todos os delineamentos essenciais e outros atestados, bem como uma explicação completa da invenção. Um monitor de patentes estimará a operação e decidirá se a invenção atende aos critérios legais de patenteabilidade.

Certifique-se de que a invenção é realmente única e não óbvia ao lidar com patentes. Isso implica que a invenção não deve ser uma interpretação clara de uma invenção existente anteriormente e que não deve ter sido revelada preliminarmente ao público. Da mesma forma, é fundamental confirmar que o inovador é razoavelmente bom o suficiente para solicitar uma patente, o que pode exigir a concordância de um empregador ou de outras partes com participação implícita na invenção.

O fato de a patente ser executada é outro fator fundamental. Isso pode incluir ficar de olho na solicitação para identificar possíveis infratores e tomar medidas legais para interromper ou ajudar a prevenir violações. Também poderia autorizar a invenção para terceiros, o que pode ser uma fonte significativa de lucro para o detentor da patente.

Marcas Registradas

Uma marca registrada é um design, termo ou expressão empregada para identificar e separar um item ou serviço de outro. As marcas registradas são importantes porque ajudam os consumidores a determinar a origem de um bem ou serviço e porque podem ser uma ferramenta de marketing eficaz para as empresas.

Uma empresa deve enviar um pedido de marca registrada ao órgão governamental aplicável para obter uma marca registrada. Uma explicação completa da marca, bem como qualquer atestado de suporte necessário, como exemplificações de como a marca será usada, devem ser incluídos na operação. Um monitor de marcas registradas examinará a operação e decidirá se a marca é única o suficiente para ser registrada e se é provável que cause confusão com marcas registradas anteriormente.

Verificar se uma marca registrada não viola os direitos de terceiros é um dos fatores legais mais importantes a serem considerados ao lidar com marcas registradas. Para garantir que a marca registrada não esteja sendo usada anteriormente por outra empresa ou pessoa, uma verificação abrangente deve ser realizada. Também implica evitar o uso de marcas que são exorbitantemente análogas àquelas anteriormente em uso, pois isso pode gerar confusão para o cliente e, de fato, problemas legais.

Certificar-se de que a marca registrada está devidamente protegida é outro fator fundamental. Isso pode incluir a solicitação de proteção de marcas registradas em vários países ou áreas, ficar de olho no pedido para identificar possíveis infratores e tomar medidas legais para interromper ou ajudar a prevenir violações. Também pode incluir a concessão de licenças de uso da marca a terceiros, o que pode ser uma fonte econômica de lucro para o titular da marca.

É fundamental pensar nas ramificações estratégicas de contratos, patentes e marcas registradas, além dessas questões legais. Os contratos podem ser usados, por exemplo, para definir perspectivas inequívocas com fornecedores, convidados e funcionários, bem como para proteger dados importantes da empresa, como segredos comerciais.

As patentes podem ser empregadas para dar a uma empresa uma vantagem competitiva e para cobrir invenções ou tecnologias originais. As marcas registradas podem ser usadas para desenvolver a fidelidade do cliente e a atenção à marca, bem como uma identidade distinta para o negócio.

Pode ser delicado navegar por essas questões legais; portanto, consultar um advogado treinado e especializado nesses assuntos é sempre salutar. Além de conselhos sobre imolação em questões políticas como licenciamento, ação e crescimento global, um advogado pode ajudar a garantir que contratos, patentes e marcas registradas sejam razoavelmente sólidos e humildemente executados. As empresas podem proteger sua propriedade intelectual e outros meios, gerenciar armadilhas e criar uma base sólida para o sucesso de longo prazo gerenciando com precisão esses fatores legais.

Capítulo 7

Construindo uma Equipe Forte: Contratando e Gerenciando Talentos

A qualidade do pool de uma empresa tem um impacto significativo em seu desempenho. Um grande pelotão pode incitar a invenção, impulsionar negócios e ajudar uma empresa a alcançar seus objetivos. Mas montar um pelotão sólido requer um estudo significativo dos procedimentos de seleção e operação. Veremos algumas das principais maneiras de optar e supervisionar as pessoas neste post.

Contratando

Arriscar e contratar as individualidades aplicáveis é o primeiro passo para criar um pelotão importante. Isso requer uma profunda apreciação das capacidades e taxas exigidas para cada peça, bem como um processo de contratação bem-sucedido.

Descreva sua parte

É fundamental descrever claramente a função e os deveres do cargo antes de iniciar o processo de recrutamento. Isso tornará mais provável que a descrição do cargo represente humildemente as capacidades e credenciais exigidas para o cargo.

Use uma variedade de canais de recuperação

Exercer uma variedade de canais de recuperação é fundamental se você deseja atrair um amplo grupo de clientes em potencial. Isso pode incluir boletins em sites comerciais, plataformas de mídia social e quadros de empregos, bem como funções de rede e recomendações específicas.

As perguntas da entrevista comportamental devem ser usadas

O objetivo das perguntas da entrevista comportamental é estimar as conquistas anteriores de um candidato e antecipar as conquistas não nascidas

. Quando se trata de identificar presentes de elite, eles podem ser mais úteis do que as perguntas convencionais de entrevistas.

Procure referências

Uma etapa crucial no processo de recrutamento é a verificação de referências. Pode ser usado para confirmar o histórico e as credenciais de um buscador e para amadurecer informações sobre seus estilos de trabalho e caráter.

Gerenciando

Depois de arriscar o presente certo, é fundamental administrar e desenvolver bem esse presente. Isso pode incluir uma variedade de táticas, como delinear perspectivas precisas, fornecer feedback frequente e apresentar oportunidades de aprimoramento.

Esclareça suas perspectivas.

A definição fácil de perspectivas é um elemento essencial da gestão de pessoal. Definir objetos de desempenho, relacionar indicadores de desempenho cruciais (KPIs) e fornecer feedback regular sobre o desenvolvimento são alguns exemplos de como fazer isso.

Dê feedback continuamente

Dar feedback constante aos funcionários é fundamental para promover seu crescimento e desenvolvimento. Controles regulares, avaliações de desempenho e sessões de orientação podem fazer parte disso. O feedback precisa ser preciso, rápido e utilizável.

Dê chances de expansão e desenvolvimento Os trabalhadores podem ter um senso de valor e engajamento em seu trabalho ao receberem oportunidades de crescimento e desenvolvimento. Atribuições estendidas, aberturas de treinamento e desenvolvimento e incentivo à equipe para assumir novas tarefas são algumas maneiras de fazer isso.

Incentive uma planta positiva

Um elemento essencial da gestão do dom é criar um terreno de trabalho afável. Isso pode encorajar uma comunicação aberta, agradecer aos membros da equipe por suas conquistas e apoiar um equilíbrio saudável entre vida pessoal e profissional.

desafios

Pode ser delicado fazer um pelotão bem-sucedido e há alguns erros de cálculo típicos a serem evitados. Estes correspondem de

Empregando apenas na experiência

Embora a experiência seja fundamental, não é o único aspecto a ser levado em consideração na hora de reter. Cortes suaves como cooperação e comunicação são fundamentais para criar um grande pelotão.

Recusar-se a dar feedback

A falta de feedback harmonioso pode gerar progresso e baixa moral entre os trabalhadores. Para ajudar os funcionários a melhorar seu desempenho, é fundamental oferecer treinamento e feedback contínuos.

Falta de aberturas de crescimento

Trabalhadores que sentem que suas posições são estáticas são mais propensos a deixar seus empregos. Fornecer oportunidades de desenvolvimento e progresso pode ajudar a manter a força de trabalho superior.

Negligenciar a cultura comercial

A cultura da empresa é fundamental para reter e manter as melhores pessoas. Deve ser estabelecida uma cultura comercial sólida que apoie as crenças e os objetos da associação.

Conclusão

Uma estrutura de pelotão bem-sucedida é essencial para o sucesso comercial. Alcançar objetivos comerciais e atrair e reter pessoas importantes pode ser facilitado pelo emprego de práticas eficazes de recrutamento e operação. Erguer um pelotão forte requer problemas e atenção contínuos, mesmo após a conclusão do processo original de contratação e integração. É por isso que é importante que as empresas definam locais, usem vários canais para recuperação, forneçam feedback contínuo e ofereçam aberturas para crescimento e desenvolvimento. Então, existem algumas outras táticas de operação de presentes para supor sobre

Desenvolva Confiança
Um bom pelotão deve ter uma base sólida de confiança. Sendo aberto com seu pelotão, mantendo sua palavra e se preocupando autenticamente com seus problemas, os diretores podem ganhar confiança com sua equipe.
Promover a cooperação
O trabalho em equipe entre os membros pode afetar ainda mais a criatividade e o produto. Incentive a cooperação, dando-lhes a chance de se unirem em sistemas e promovendo um clima de comunicação aberta.
Dê preços e reconhecimento
É mais provável que os trabalhadores se envolvam e se dediquem ao trabalho se se sentirem valorizados e honrados por seus esforços. Os trabalhadores que repetem

seus trabalhos devem admitir reconhecimento e benefícios, semelhantes a lagniappes, elevações ou sol público.

Resolução antecipada de problemas de desempenho

A intervenção precoce em empresas de desempenho pode ajudar a evitar que se desenvolvam em ossos maiores posteriormente. No entanto, dê-lhes orientação e comentários detalhados para que eles possam melhorar se um trabalhador não estiver funcionando de acordo.

Coloque o foco no equilíbrio entre vida profissional e pessoal.

Os trabalhadores dão cada vez mais importância ao equilíbrio entre vida pessoal e profissional, especialmente no atual terreno de trabalho remoto. Agendamento flexível, aberturas de trabalho remoto e folga remunerada promovem o equilíbrio entre vida pessoal e profissional.

Juntamente com essas táticas, é fundamental estimar regularmente os requisitos de seu pelotão e modificar suas táticas de operação conforme necessário. Isso pode incluir a coleta de informações manuais, abrangendo critérios de desempenho cruciais e fazendo adaptações para mudanças no terreno comercial.

desafios

O processo de desenvolver e liderar um bom pelotão não é isento de dificuldades. A seguir estão algumas outras dificuldades típicas a serem apreensivas

Mantendo o presente elegante

Pode ser delicado manter o presente superior no pedido de emprego maquiavélico do momento. Oferecer oportunidades de crescimento e desenvolvimento, assim como remuneração e benefícios competitivos é fundamental.

Responsável pelas brigadas remotas

Gerenciar brigadas remotas pode ser delicado devido a problemas de colaboração e comunicação. Estabelecer rotas de comunicação claras, oferecer ferramentas e cofres para trabalho remoto e definir objetos de desempenho claros são cruciais.

Gerenciamento de conflitos

A estrutura de um bom pelotão pode ser significativamente prejudicada por conflitos interpessoais. Criando aberturas para um diálogo honesto e resolução de conflitos, é fundamental lidar com o conflito de forma antecipada e eficaz.

Mantendo a Moral

O moral baixo pode ter um grande efeito sobre o quão produtivo e engajado é um pelotão. Ao dar elogios e prêmios, resolver dificuldades de desempenho e promover um ambiente de trabalho saudável, questões de moral devem ser abordadas.

Conclusão

Uma abordagem planejada para a contratação, bem como um foco contínuo no desenvolvimento e engajamento de mão de obra, são necessários para criar e manter um grande pelotão. As empresas podem produzir um pelotão capaz de atingir seus objetivos e estimular a criatividade, colocando forte ênfase na confiança, cooperação, reconhecimento e equilíbrio entre vida pessoal e profissional, bem como questões de mergulho como retenção, trabalho remoto, conflito e moral.

Capítulo 8

Criando uma Cultura de Empresa Vencedora: Motivando e Envolvendo Seus Funcionários

Construir uma cultura corporativa de sucesso é essencial para inspirar e envolver o pessoal. Um ambiente de trabalho amigável e encorajador pode resultar em maior produção, mais satisfação no trabalho e taxas de rotatividade reduzidas. Aqui estão algumas ideias para desenvolver uma cultura corporativa de sucesso:

Estabeleça seus valores

O primeiro passo para desenvolver uma cultura empresarial saudável é definir os valores da sua organização. Os princípios da sua organização devem ser evidentes para todos os trabalhadores e devem orientar o comportamento e a tomada de decisão de todos.

Promova uma comunicação franca

A base da confiança e do trabalho em equipe entre os funcionários é a comunicação aberta. Ao realizar reuniões de equipe frequentes, caixas de sugestões e sessões individuais com a gerência, você pode promover uma comunicação aberta.

Oferecer Possibilidades de Desenvolvimento e Crescimento

Os funcionários querem acreditar que suas posições estão evoluindo e se expandindo como resultado. Dê aos trabalhadores a chance de desenvolver suas carreiras, adquirir novas habilidades e assumir novas responsabilidades.

Oferecer remuneração e benefícios compatíveis com o mercado

Para que os melhores talentos sejam atraídos e retidos, são necessários salários e regalias atraentes. Certifique-se de que seu salário e benefícios sejam competitivos, fazendo algumas pesquisas sobre as normas do setor.

Reconheça e Homenageie os Sucessos

As realizações dos funcionários devem ser reconhecidas e recompensadas, pois isso pode ser um forte incentivo. Forneça recompensas, oportunidades de promoção e aclamação pública para os membros da equipe que se destacarem em seus cargos.

Incentivar o equilíbrio entre vida pessoal e profissional

Forneça aos funcionários folga remunerada, opções de trabalho remoto e agendamento flexível para ajudar a manter um equilíbrio saudável entre vida profissional e pessoal.

desafios

Construir uma cultura corporativa de sucesso não é isento de dificuldades. A seguir estão algumas dificuldades mais típicas a serem observadas:

Responsável por Equipes Remotas

Construir e manter uma cultura empresarial saudável apresenta dificuldades específicas ao trabalhar com pessoal remoto. Promover a cooperação e a comunicação entre membros distantes da equipe pode ser um desafio. Para ajudar nessas questões, forneça canais de comunicação eficazes e ofereça ferramentas e recursos para o trabalho remoto.

Gerenciamento de conflitos

A construção de uma cultura corporativa saudável pode ser significativamente dificultada por conflitos internos entre o pessoal. Ao criar oportunidades para um diálogo honesto e resolução de conflitos, é crucial lidar com o conflito de forma precoce e eficaz.

Mantendo a Moral

O nível de envolvimento e produtividade entre os funcionários pode ser significativamente afetado pelo baixo moral. Ao dar elogios e prêmios, resolver dificuldades de desempenho e promover um ambiente de trabalho saudável, questões de moral devem ser abordadas.

Aumentar a inclusão e a diversidade

Embora a construção de um local de trabalho inclusivo e diversificado possa ser difícil, é crucial para o desenvolvimento de uma forte cultura corporativa. Certifique-se de que suas práticas de recrutamento e promoção sejam inclusivas e realize treinamentos regulares sobre diversidade e inclusão.

Conclusão

Uma cultura corporativa próspera exige trabalho e foco constantes. Você pode criar um ambiente de trabalho produtivo e encorajador que inspire e envolva os funcionários, definindo seus valores, incentivando a comunicação aberta, oferecendo oportunidades de crescimento e desenvolvimento, fornecendo remuneração e benefícios competitivos, reconhecendo e recompensando as conquistas e promovendo o equilíbrio entre vida pessoal e profissional. Sua cultura corporativa permanecerá forte e boa ao longo do tempo se você lidar com problemas típicos, como gerenciar equipes remotas, lidar com conflitos, manter o moral e promover a diversidade e a inclusão.

Aqui estão algumas outras ideias para desenvolver uma cultura corporativa de sucesso:

Dê um bom exemplo

Desenvolver uma cultura saudável no local de trabalho é principalmente responsabilidade dos líderes. Os líderes devem agir de acordo com os princípios e padrões que prezam. Isso implica ser aberto e próximo, bem como educado e cooperativo.

Promover a cooperação

A colaboração entre os membros da equipe pode aumentar a criatividade, a produção e a felicidade no trabalho. Oferecer oportunidades de trabalho em equipe, iniciativas multifuncionais e troca de informações promove a colaboração.

Promova o bem-estar e o bem-estar Uma cultura saudável no local de trabalho requer foco no bem-estar e no bem-estar dos funcionários. Para ajudar os funcionários a manter um estilo de vida saudável, forneça programas de bem-estar, incluindo aulas de ginástica no local e serviços de saúde mental.

Aqui estão algumas outras ideias para desenvolver uma cultura corporativa de sucesso:

Dê um bom exemplo

Desenvolver uma cultura saudável no local de trabalho é principalmente responsabilidade dos líderes. Os líderes devem agir de acordo com os princípios e padrões que prezam. Isso implica ser aberto e próximo, bem como educado e cooperativo.

Promover a cooperação

A colaboração entre os membros da equipe pode aumentar a criatividade, a produção e a felicidade no trabalho. Oferecer oportunidades de trabalho em equipe, iniciativas multifuncionais e troca de informações promove a colaboração.

Promova o bem-estar e o bem-estar Uma cultura saudável no local de trabalho requer foco no bem-estar e no bem-estar dos funcionários. Para ajudar os funcionários a manter um estilo de vida saudável, forneça programas de bem-estar, incluindo aulas de ginástica no local e serviços de saúde mental.

Ao desenvolver uma cultura corporativa de sucesso, as dificuldades extras a serem observadas incluem:

Construir confiança Construir confiança pode levar tempo, mas é crucial para um forte ambiente de trabalho. Para ganhar a confiança de sua equipe, seja aberto, verdadeiro e consistente em sua comunicação e tomada de decisões.

Controlando Mudanças

Qualquer organização passará por mudanças, mas elas podem ser disruptivas para a cultura do negócio. Gerencie a mudança com sucesso, mantendo as linhas de comunicação abertas e proativas, incluindo a equipe na tomada de decisões e oferecendo assistência e recursos conforme necessário.

Manter os objetivos individuais e da equipe sob controle

Os objetivos da equipe e os objetivos pessoais podem ocasionalmente colidir. Para garantir que os sucessos individuais contribuam para o sucesso global da equipa e da organização, é crucial encontrar um equilíbrio entre os objetivos individuais e coletivos.

Concluindo, o desenvolvimento de uma cultura organizacional bem-sucedida exige trabalho e foco contínuos. Você pode criar um ambiente de trabalho produtivo e encorajador que inspire e envolva as pessoas dando um bom exemplo, fomentando a cooperação, fomentando a saúde e o bem-estar, fomentando um senso de comunidade, estabelecendo expectativas e feedback claros e recompensando realizações. Sua cultura corporativa será forte e boa ao longo do tempo se você abordar questões como desenvolver confiança, lidar com mudanças e equilibrar metas individuais e de equipe.

Capítulo 9

Iniciando sua inicialização: Maximizando seus recursos

Pode ser precioso e perigoso abrir um negócio. Ainda assim, existem estilos que os donos de negócios podem empregar para estabelecer sua incipiência com pouca plutocracia. Bootstrapping é o termo usado para descrever essa estratégia. Bootstrapping refere-se ao uso de fundos anteriormente disponíveis para lançar e expandir um estabelecimento. Ao iniciar seu negócio, use estas dicas para maximizar seus cofres

Construa um produto minimamente viável.

Um produto viável mínimo (MVP) é um bem ou serviço que fornece a funcionalidade necessária para atender aos requisitos dos adotantes iniciais, ao mesmo tempo em que coleta insumos para o desenvolvimento de produtos ainda não nascidos. Ao permitir que você teste sua concepção antes de gastar dinheiro no lançamento de um produto em grande escala, a criação de um MVP pode ajudá-lo a economizar tempo e dinheiro.

Use cofres gratuitos e baratos

Os empreendedores têm acesso a uma ampla gama de recursos gratuitos e acessíveis, incluindo software de código aberto, ferramentas da Web gratuitas e meios de marketing acessíveis. Você pode cortar seus custos de incipiência e economizar seus cofres fiscais exercitando esses cofres.

Faça uso de sua rede

Ao iniciar uma startup, sua rede pessoal e profissional pode ser um recurso útil. Pergunte aos seus mosqueteiros, familiares e associados se eles podem dar algum conselho ou apoio. Você pode detectar novos hóspedes ou investidores usando sua rede como um recurso.

Procure Fontes Indispensáveis de Financiamento

Bootstrapping não conta como busca de apoio fiscal. Opções indispensáveis de arrecadação de fundos, incluindo crowdfunding, empréstimos para pequenas empresas e subvenções, podem ajudá-lo a arrecadar mais dinheiro sem abrir mão das ações da empresa.

Reduzir taxas de saída

Manter as menores taxas de saída possíveis é fundamental para o bootstrapping. Em vez de manter a equipe em tempo integral, isso pode incluir trabalhar sempre, participar do espaço do escritório ou terceirizar o trabalho para contratados.

Observe o fluxo de caixa

Gerenciar sua entrada de caixa é essencial ao inicializar sua incipiência. Fique de olho no seu fluxo de caixa e certifique-se de ter uma estratégia para controlar os gastos e gerar receita.

Ao inicializar um lançamento, há alguns novos problemas a serem observados, como

cofres menores

Trabalhar com um orçamento apertado é comum durante o bootstrap, o que pode ser delicado. Prepare-se para abrir precedentes e escolher onde gastar seus cofres.

A inicialização por tempo limitado pode levar muito tempo, principalmente se você estiver fazendo malabarismos com várias tarefas ou trabalhando com um pequeno pelotão. Esteja pronto para dedicar longas horas de trabalho e administrar bem o seu tempo.

Escalabilidade pequena

O bootstrapping pode tornar mais delicado para você expandir sua empresa. Esteja preparado para abordar a expansão em um ritmo mais lento e controlado e se concentrar na criação de uma empresa sustentável de longo prazo.

cofres menores

Trabalhar com um orçamento apertado é comum durante o bootstrap, o que pode ser delicado. Prepare-se para abrir precedentes e escolher onde gastar seus cofres.

A inicialização por tempo limitado pode levar muito tempo, principalmente se você estiver fazendo malabarismos com várias tarefas ou trabalhando com um pequeno pelotão. Esteja pronto para dedicar longas horas de trabalho e administrar bem o seu tempo.

Escalabilidade pequena

O bootstrapping pode tornar mais delicado para você expandir sua empresa. Esteja preparado para abordar a expansão em um ritmo mais lento e controlado e se concentrar na criação de uma empresa sustentável de longo prazo.

Torne-se digital com marketing

Sem investir muito plutocrata, o marketing digital pode ser uma abordagem eficaz para se conectar com seu público-alvo. Use pontos de redes sociais, marketing de despacho e marketing de conteúdo para aumentar a exposição da marca e a geração de leads.

Dê prioridade máxima à adesão e retenção de clientes

É fundamental concentrar-se na adesão e retenção de clientes durante o bootstrapping. Para fazer isso, você deve identificar sua solicitação de destino, compreender seus desejos e áreas problemáticas e produzir bens e serviços para atender a essas demandas. Também envolve criar laços sólidos com seus convidados para promover a recriação de negócios e recomendações boca a boca úteis.

Produzir uma identidade de marca importante

Seu lançamento pode se destacar em uma solicitação competitiva criando uma identidade de marca distinta. Gaste tempo e plutocrata projetando sua estratégia de marca, que deve incluir o tom de voz, a identidade visual e a comunicação da sua empresa.

Enfatize a coordenação e a inovação Bootstrapping requer uma abordagem criativa e de inclinação aberta. Incentive o diálogo aberto e a cooperação entre seus associados e esteja aberto a novos estilos de resolução de problemas.

Enfatize o desenvolvimento contínuo

O sucesso de longo prazo de seu lançamento inicializado depende do desenvolvimento contínuo. Revise os procedimentos de sua empresa constantemente, procure áreas que possam ser melhoradas e adapte-se conforme necessário. Para ter certeza de que você está agregando valor e satisfazendo as condições deles, peça a opinião dos convidados e dos membros do pelotão.

Produza uma Inteligência Positiva

Bootstrapping pode ser cansativo, mas é importante ter uma posição positiva, manter-se extremamente motivado e perseverar. Trabalhe com colegas de equipe probatórios, instrutores e conselheiros que podem indicar o caminho certo e inspirá-lo ao longo do caminho.

Iniciando um lançamento pode ser uma experiência instigante e satisfatória, mas requer um planejamento cuidadoso, imaginação e um desejo de ser flexível e inventivo. Você pode fazer o máximo de seus cofres, criar uma base sólida para sua empresa e ter sucesso a longo prazo usando essas sugestões e maneiras.

Capítulo 10

Aproveitando a tecnologia: ferramentas e recursos para o crescimento

Na atual geografia empresarial em constante evolução, a tecnologia tornou-se uma ferramenta necessária para o crescimento. De startups a empresas estabelecidas, a tecnologia revolucionou a maneira como as empresas operam, permitindo que agilizem processos, alcancem novos clientes e ganhem vantagem competitiva. Nesta composição, exploraremos algumas das ferramentas e recursos cruciais que as empresas podem usar para alcançar o crescimento por meio da tecnologia.

Exercitando a palidez

A computação da Pall surgiu como um dos avanços tecnológicos mais significativos dos últimos tempos, oferecendo às empresas uma série de benefícios. Usando pacotes de software e serviços, as empresas podem reduzir seus custos de TI enquanto aperfeiçoam sua escalabilidade e flexibilidade. A computação da Pall também permite que as empresas armazenem e transmitam seus dados com segurança de qualquer lugar do mundo, permitindo trabalho remoto e colaboração.

Exercitando a Nuvem

A computação da Pall surgiu como um dos avanços tecnológicos mais significativos dos últimos tempos, oferecendo às empresas uma série de benefícios. Usando pacotes de software e serviços, as empresas podem reduzir seus custos de TI enquanto aperfeiçoam sua escalabilidade e flexibilidade. A computação da Pall também permite que as empresas armazenem e transmitam seus dados com segurança de qualquer lugar do mundo, permitindo trabalho remoto e colaboração.

Mídia social

A mídia social está se tornando um elemento essencial do terreno comercial ultramoderno, fornecendo às empresas uma ferramenta poderosa para atrair novos hóspedes, interagir com os clientes atuais e aumentar o reconhecimento da marca. Sites de mídia social como Facebook, Instagram e Twitter têm mais de 4,5 bilhões de usuários em todo o mundo, tornando-os ferramentas de marketing essenciais para empresas de todos os tamanhos.

As empresas podem se comunicar com mais eficiência com seus seguidores-alvo usando a mídia social, promover a fidelidade à marca e aumentar os negócios no site. Além disso, a mídia social oferece uma variedade de opções de publicidade, permitindo que as empresas direcionem cultos específicos com anúncios direcionados. Ao fazer isso, as empresas podem alcançar novos hóspedes de maneira mais eficaz e aumentar seu retorno sobre o investimento (ROI).

Inteligência Artificial (IA)

A inteligência artificial (IA) tornou-se uma ferramenta cada vez mais importante para as empresas, oferecendo uma série de benefícios, desde o aperfeiçoamento do atendimento ao cliente até a automatização de processos. A IA pode ser usada para dissecar grandes quantidades de dados, automatizar tarefas de rotina e fazer prognósticos baseados em dados literais.

Uma das operações mais importantes da IA é o atendimento ao cliente, onde catadores e ajudantes virtuais podem lidar com as consultas rotineiras dos clientes, liberando a equipe para se concentrar em questões mais complexas. A IA também pode ser usada para melhorar as operações da cadeia de força, permitindo que as empresas otimizem suas situações de força e reduzam custos. No marketing, a IA pode ser usada para resumir o conteúdo e a publicidade, aperfeiçoando a experiência do cliente e gerando negócios.

Comércio eletrônico

O comércio eletrônico transformou o setor de varejo, oferecendo às empresas uma nova maneira de alcançar clientes e vender seus produtos online. Plataformas de comércio eletrônico como Shopify, Woo Commerce e Magenta podem ser usadas por empresas para lançar uma loja online de forma rápida e fluente, sem a necessidade de conhecimento técnico ou especializado.

O comércio eletrônico tem várias vantagens, incluindo um número maior de seguidores, melhor atendimento ao cliente e custos operacionais mais baixos. As empresas podem atingir um público global sete dias por semana, 24 horas por dia, vendendo seus produtos online. O comércio eletrônico também permite que as empresas ofereçam recomendações individualizadas com base nos dados do cliente, aperfeiçoando a experiência do cliente e gerando negócios.

Análise de Big Data

A análise de big data surgiu como uma ferramenta crucial para as empresas, oferecendo percepção sobre tendências de solicitações de clientes e desempenho dos negócios. Ao analisar grandes quantidades de dados, as empresas podem tomar decisões informadas, identificar oportunidades de crescimento e otimizar suas operações.

A análise de big data pode ser usada em diversas áreas, desde marketing até operações da cadeia de suprimentos. No marketing, as empresas podem usar dados para resumir o conteúdo e a publicidade, aperfeiçoando a experiência do cliente e gerando negócios. Nas operações da cadeia de força, os dados podem ser usados para otimizar situações de força, reduzir o desperdício e melhorar os prazos de entrega.

Internet de efeitos (IoT)

A Internet de Efeitos (IoT) tornou-se uma palavra da moda nos últimos tempos, referindo-se à rede conectada de objetos físicos, como veículos, estruturas e outros objetos que são acamados com detectores, software e conectividade. A IoT oferece às empresas uma série de benefícios, desde o aperfeiçoamento da eficácia e produtividade até a criação de novos caminhos de lucro.

Ao usar o viés da IoT, as empresas podem coletar dados sobre suas operações e usar esses dados para otimizar seus processos, reduzir custos e melhorar a satisfação do cliente. Por exemplo, no setor de manufatura, os detectores de IoT podem ser usados para rastrear o funcionamento de máquinas e equipamentos, minimizando o tempo limite e os custos de conservação. No varejo, os detectores de IoT podem ser usados para rastrear situações de força, permitindo que as empresas reabasteçam os produtos com mais eficiência.

Aplicações Móveis

As operações móveis tornaram-se uma ferramenta essencial para as empresas, oferecendo uma série de benefícios, desde o aperfeiçoamento do envolvimento do cliente até a adição de lucro. Ao desenvolver um aplicativo móvel, as empresas podem oferecer uma experiência mais personalizada para seus hóspedes, permitindo que eles comprem seus produtos ou serviços em qualquer lugar.

As operações móveis também podem ser usadas para coletar dados sobre clientes, permitindo que as empresas adaptem suas estratégias de marketing e vendas com mais eficiência. Por exemplo, analisando os dados de um aplicativo móvel, as empresas podem identificar quais produtos ou serviços são mais populares entre seus hóspedes e usar essas informações para desenvolver ações de marketing direcionadas.

Blockchain

A tecnologia Blockchain surgiu como um divisor de águas em vários campos, oferecendo benefícios semelhantes a melhor segurança, transparência e eficácia. Blockchain é um sistema de contagem descentralizado que permite transações seguras e invioláveis.

Nas finanças, o blockchain pode ser usado para melhorar a segurança e a transparência dos negócios fiscais, reduzindo a ameaça de fraudes e crimes. Nas operações da cadeia de suprimentos, o blockchain pode ser usado para rastrear o movimento de mercadorias e garantir que sejam autênticos e não falsos.

Cíber segurança

Com a dependência adicional da tecnologia, a segurança cibernética tornou-se uma preocupação crítica para empresas de todos os tamanhos. Os ataques cibernéticos podem causar violações de dados, perdas fiscais e danos à reputação, tornando essencial que as empresas invistam em medidas robustas de segurança cibernética.

Ao usar essas ferramentas, as empresas podem proteger suas redes e dados de armadilhas cibernéticas e garantir a integridade de suas operações.

Em conclusão, a tecnologia tornou-se uma ferramenta necessária para as empresas que buscam alcançar crescimento e sucesso. Da computação em nuvem à segurança cibernética, as empresas podem usar uma variedade de ferramentas e recursos para simplificar suas operações, alcançar novos hóspedes e obter uma vantagem competitiva em sua diligência separada. Ao manter-se atualizado com os mais recentes avanços tecnológicos e incorporá-los em suas operações, as empresas podem se posicionar para o crescimento e o sucesso a longo prazo.

Capítulo 11

Comercialize sua startup: construindo sua marca e base de clientes

O marketing é um elemento crítico de qualquer iniciativa bem-sucedida. É o processo de promoção e venda de produtos ou serviços aos hóspedes. O marketing envolve uma série de condicionamentos, desde a construção da consciência da marca até a geração de leads e o fechamento de negócios. Nesta composição, exploraremos as estratégias e táticas coloridas que as startups podem usar para comercializar seus negócios, construir suas marcas e aumentar sua base de clientes.

Desenvolva sua identidade de marca

O primeiro passo para vender sua incipiência é desenvolver a identidade da sua marca. A identidade da sua marca é a representação visual do seu negócio, incluindo seu totem, site, acessórios de marketing e outros rudimentos de impressão. A identidade da sua marca deve ser harmoniosa em todos os canais e refletir os valores e a personalidade da sua empresa.

Para desenvolver a identidade da sua marca, comece definindo a missão e a visão da sua marca. Que problema sua incipiência resolve e qual é a sua coisa final? Em seguida, produza uma identidade visual que reflita a personalidade, os valores e a missão da sua marca. Isso inclui seu totem, paleta de cores, tipografia e outros rudimentos de design.

Faça um site

Seu site é sua vitrine on-line, onde os hóspedes podem aprender mais sobre seus negócios, produtos e serviços. Seu site deve ser visualmente atraente, fácil de navegar e otimizado para mecanismos de pesquisa.

Ao construir seu site, concentre-se na experiência do maconheiro. Certifique-se de que seu site seja responsivo e compatível com dispositivos móveis, para que tenha uma ótima aparência em qualquer dispositivo. Use uma linguagem clara e concisa para descrever sua empresa e suas imolações e inclua imagens e vídeos de alta qualidade para mostrar seus produtos ou serviços.

Influencie a mídia social

Ele fornece uma plataforma para se conectar com convidados, fazer conexões e promover seus negócios. Existem inúmeras plataformas de mídia social para escolher, incluindo Facebook, Instagram, Twitter e LinkedIn.

Para usar a mídia social de forma eficaz, comece definindo sua estratégia de mídia social. Identifique as plataformas mais aplicáveis aos seus negócios e seguidores e desenvolva uma estratégia de conteúdo alinhada com a identidade e as pretensões da sua marca. Use a mídia social para interagir com seus seguidores, compartilhar conteúdo aplicável e promover seus produtos ou serviços.

Marketing de conteúdo

O processo de produção e propagação de conteúdo útil, material e harmonioso para atrair e manter um público-alvo O conteúdo pode incluir postagens em blogs, vídeos, placas de palavras, whitepapers e outros tipos de conteúdo que agreguem valor aos seus seguidores.

Para empregar o marketing de conteúdo de forma eficaz, comece definindo um plano de conteúdo que corresponda à identidade e às pretensões da sua empresa. Identifique os temas que mais se aplicam aos seus seguidores e desenvolva conteúdos que agreguem valor a eles. Compartilhe seu conteúdo em canais coloridos, incluindo mídia social, marketing de envio e seu site.

Marketing de Despacho

O marketing de despacho é uma ferramenta importante para as startups fazerem conexões com os hóspedes e promoverem seus negócios. O marketing de envio envolve a transferência de e-mails promocionais para uma lista de assinantes que decidiram aceitar seus e-mails.

Para trabalhar o marketing de despacho de forma eficaz, comece montando sua lista de despacho. Isso pode ser feito oferecendo uma atração principal, como um e-book gratuito ou white paper, em troca de endereços de envio. Use o marketing de envio para promover seus produtos ou serviços, compartilhar conteúdo precioso e fazer conexões com seus assinantes.

Marketing de influenciadores

O marketing de influenciadores envolve parcerias com influenciadores para promover seus produtos ou serviços. Os influenciadores são indivíduos com muitos seguidores nas mídias sociais ou outras plataformas que podem ajudar a promover sua empresa para seus seguidores.

Para trabalhar o marketing de influenciadores de forma eficaz, comece relacionando influenciadores que se alinham com a identidade e os valores da sua marca. Desenvolva uma estratégia de como você se relacionará com influenciadores, seja por meio de conteúdo patrocinado ou outros tipos de colaboração.

Hunt Machine Optimization (SEO)

A otimização da máquina de busca (SEO) é o processo de otimização do seu site e conteúdo para classificação avançada nos executores de resultados da máquina de pesquisa (SERPs). Quando seu site aparece avançado nos resultados da busca, ele pode gerar mais negócios para seu site e aumentar sua visibilidade e credibilidade.

Para trabalhar o SEO de forma eficaz, comece conduzindo a exploração de palavras-chave para identificar as palavras-chave e expressões que seu público-alvo está procurando. Use essas palavras-chave no conteúdo do seu site, incluindo seus títulos, manchetes e meta descrições. certifique-se de que seu site seja bem estruturado e fácil de navegar e que carregue rapidamente.

promoção paga

A publicidade paga envolve gastos plutocratas para anunciar sua empresa por meio de uma variedade de plataformas, incluindo máquinas de busca, mídia social e anúncios de exibição. Você pode expandir seus seguidores e aumentar os negócios do site usando publicidade paga.

Comece definindo seus objetos de publicidade e escolhendo as plataformas mais aplicáveis para sua base de seguidores, se você quiser usar a publicidade paga com eficiência. Produza peças publicitárias harmoniosas com a identidade e os objetos da sua marca e também as cubra para maximizar o seu orçamento publicitário.

relações públicas

Para vender sua empresa e induzir a exposição, relações públicas (RP) implica estabelecer conexões com inteligência e meios de comunicação. Você pode alcançar um número maior de seguidores e melhorar sua exposição e caráter com a ajuda do PR.

Produza uma lista de mídia de inteligência e publicações que cobrem questões aplicáveis à sua empresa para começar a usar o PR com sucesso. Divulgue sua história para inteligência e meios de comunicação enquanto desenvolve um plano de relações públicas que esteja em harmonia com a identidade e os objetos de sua marca.

Marketing afiliado

O objetivo do marketing de referência é fazer com que os hóspedes recomendem sua empresa para seus mosqueteiros e familiares. Construir conexões com seus consumidores e gerar novos clientes em potencial pode ser alcançado por meio do marketing de referência.

Crie um programa de referência que recompense seus convidados por pertencerem seus mosqueteiros e familiares à sua empresa, a fim de usar o marketing de referência com eficiência. Isso pode ser feito por meio de abatimentos, produtos gratuitos ou outros prêmios.

Concluindo, vender sua incipiência é fundamental para criar um nome para você e uma clientela. Ao definir a identidade da sua marca, criar um site, usar mídias sociais, marketing de conteúdo, marketing de despacho, marketing de influenciadores, SEO, publicidade paga, relações públicas e marketing de referência, você pode efetivamente promover sua empresa e induzir o crescimento de seu estabelecimento. É fundamental projetar uma estratégia de marketing completa que corresponda à identidade e às pretensões de sua marca e dissecar e atualizar regularmente seu condicionamento de marketing para garantir que você alcance seu público-alvo e produza resultados para sua associação.

Capítulo 12

Estratégias de vendas: Fechando negócios e aumentando a receita

Qualquer associação que deseja fechar negócios e aumentar o lucro deve ter estilos de negócios eficazes. Estratégias de negócios eficazes ajudam as empresas a fazer conexões com seus hóspedes, entender seus requisitos e preferências e produzir resultados que abordam seus pontos problemáticos. Este post abordará 10 maneiras de aumentar o lucro e ajudar sua empresa a fechar negócios.

Escolha um seguimento alvo

A primeira etapa na criação de uma estratégia de negócios bem-sucedida é determinar quem é seu cliente-alvo. Isso implica estar apreensivo com sua demografia, gostos, problemas e enfrentamento

padrões. Entender sua solicitação de destino pode ajudá-lo a produzir resultados que reflitam suas condições e preferências, bem como personalizar sua estratégia de negócios para transmitir com eficácia os benefícios de seus produtos ou serviços.

Produzir uma forte identidade de marca

Um elemento crucial da abordagem de qualquer negócio é a identidade da sua marca. A personalidade, as crenças, as mensagens e a identidade visual da sua marca estão incluídas. Construir a confiança de seus convidados, destacar-se da concorrência e fornecer uma experiência memorável e intrigante para o cliente pode ser alcançado com uma forte identidade de marca.

Desenvolva seu canal de negócios

O sistema que você emprega para transformar convidados implícitos em ossos pagantes
é conhecido como seu canal de negócios. Isso inclui relacionar-se com clientes em potencial implícitos, alimentá-los durante o processo de negociação e fechar o negócio. Para mover com eficiência os hóspedes implícitos pelo canal de ofertas, você deve entender as etapas da viagem do cliente e ajustar sua estratégia para cada uma delas.

Crie laços com seus convidados

Para você desenvolver conexões com clientes e conquistar sua confiança e fidelidade. Isso envolve prestar muita atenção às suas necessidades e necessidades, fornecer resultados imediatos e fornecer um ótimo atendimento ao cliente. Você pode aumentar a retenção de clientes e incentivar a repetição de negócios cultivando ótimas conexões com seus consumidores.

Use maneiras de negociar como influência

Para transmitir de forma persuasiva o valor de seus produtos ou serviços e fechar negócios, várias estratégias podem ser usadas. Isso inclui a capacidade de ouvir diligentemente, lidar com reclamações e negociar. Você pode convencer as pessoas do valor de seus produtos ou serviços e fechar negócios aprendendo essas estratégias.

Faça uso da tecnologia

A tecnologia tem o potencial de ser um poderoso instrumento para fazer negócios e aumentar os lucros. Usar o software de gerenciamento de relacionamento com o cliente (CRM) para lidar com os dados do cliente, automatizar processos de negócios e usar análises para cobrir e melhorar seus suores de negócios são apenas alguns exemplos de como fazer isso.

Ao usar o marketing de conteúdo, agregue valor

Criar e propagar material instrucional que atraia seus seguidores-alvo e aumente a atenção à marca é conhecido como marketing de conteúdo. Você pode estabelecer confiança com seus convidados e estabelecer sua marca como um líder de pensamento em seu campo, agregando valor ao seu conteúdo.

Promover e oferecer impulsos

Elevações e impulsos podem ser estratégias importantes para agregar negócios e lucro. Para incentivar os hóspedes a fazer uma compra, isso inclui abatimentos de móveis, ingressos e ofertas especiais. Você pode aumentar a fidelidade do cliente e incentivar a repetição de negócios oferecendo esses preços.

Trabalhe junto com os outros

A parceria com empresas pode ajudá-lo a aumentar seu alcance e aumentar os lucros. Isso envolve a união com empresas do seu setor ou em ossos afiliados para oferecer resultados agrupados ou co-comercializar bens ou serviços uns dos outros.

Desenvolvimento Contínuo

Otimizar sua estratégia de negócios e promover o crescimento dos negócios exige aprimoramento constante. Isso envolve acompanhar e examinar os dados do seu negócio, experimentar novas ideias e estilos e aprender continuamente e se adequar aos desejos e exigências de seus convidados.

Táticas eficazes de fechamento de negócios são essenciais para fechar negócios e adicionar receita para sua empresa. Você pode conduzir negócios com sucesso e aumentar o lucro de sua empresa determinando sua solicitação de destino, criando sua identidade de marca, criando seu canal de negócios, cultivando conexões com seus convidados, usando formas de negócios, exercitando a tecnologia, oferecendo valor por meio de marketing de conteúdo, fornecendo impulsos e elevações , trabalhando com amigos e aperfeiçoando continuamente sua estratégia de negócios. Para garantir que você esteja gerando o maior lucro possível, é fundamental ter uma estratégia de negócios completa que esteja alinhada com os objetivos da sua empresa. Você também deve avaliar regularmente e melhorar seus suores.

Coloque a experiência do cliente em primeiro lugar

Para construir conexões duradouras com seus convidados, você deve oferecer uma ótima experiência ao cliente. Isso envolve fornecer atendimento ao cliente de primeira linha, manter sua palavra e tornar o processo de compra simples e fácil. Você pode aumentar a fidelidade do cliente e incentivar a repetição de negócios colocando uma forte ênfase na experiência do cliente.

Definir objetos atingíveis

Para avaliar com sucesso o desempenho do seu plano de negócios, pretensões objetivas de negócios devem ser definidas. Isso implica estabelecer pretensões de curto e longo prazo que estejam alinhadas com os objetivos de sua empresa e rastrear seu sucesso ao fazê-lo. Você pode acompanhar seu progresso com eficiência e alterar seu plano conforme necessário para garantir que esteja no caminho certo para negociar suas pretensões, definindo pretensões realistas.

Gaste o plutocrata em treinamento e crescimento

É possível garantir que sua equipe de negócios tenha as capacidades e os conhecimentos necessários para vender seus produtos ou serviços e fechar negócios investindo em seu treinamento e desenvolvimento. Isso significa oferecer aberturas para treinamento e coaching ininterruptos, bem como para desenvolvimento e criação profissional. Você pode produzir um pelotão de alto desempenho adequado para conduzir negócios e aumentar o lucro de sua empresa investindo em sua equipe de negócios.

Gastar plutocrata em educação e desenvolvimento

Ao fazer um investimento em seu treinamento e desenvolvimento, você pode garantir que seu pelotão de negócios tenha as habilidades e o conhecimento necessários para vender seus produtos ou serviços e fechar negócios. Oferecer oportunidades de treinamento e treinamento contínuos, bem como de avanço e criação de carreira, enquadra-se nessa ordem. Ao investir em sua equipe de negócios, você pode formar um pelotão de alto desempenho que pode gerar negócios e aumentar a receita de seus negócios.

Para que cada associação feche acordos e aumente o lucro, estilos de negociação eficazes são fundamentais. Concentrando-se em relatar sua solicitação de destino, criando sua identidade de marca, criando seu canal de negócios, cultivando conexões com seus convidados, exercitando formas de negócios, exercitando tecnologia, fornecendo valor por meio de marketing de conteúdo, fornecendo impulsos e elevações, trabalhando com amigos, aperfeiçoando continuamente seus negócios estratégia, focando na experiência do cliente, estabelecendo pretensões razoáveis, investindo em treinamento e desenvolvimento, medindo e ensaiando seus resultados, e assim por diante, você pode aumentar seus negócios. Para garantir que você está promovendo um crescimento sustentável, é fundamental ter um plano de negócios completo e alinhado com os objetivos da sua empresa. Você também deve estimar e otimizar regularmente seus negócios.

Capítulo 13

Dimensionando seus negócios: navegando no crescimento e na expansão

Para os empreendedores, escalar um estabelecimento pode ser um momento instigante e delicado. A próxima fase, anteriormente um lançamento, é aumentá-la, inserindo novos pedidos, impulsionando negócios e aperfeiçoando a eficácia funcional. Ainda assim, para garantir que o crescimento seja econômico e sustentável, o crescimento de um estabelecimento requer um planejamento e execução rigorosos. As táticas para expandir seus negócios e navegar pelo crescimento e expansão serão abordadas neste post.

Defina os objetivos e a visão da sua empresa.

É fundamental ter uma compreensão firme dos objetos e da visão de sua empresa antes de avaliá-la. Isso envolve descobrir seu público-alvo, sondar seus rivais e desenvolver uma proposta de valor de nome. Sua capacidade de produzir uma estratégia de crescimento focada e produtiva, ao mesmo tempo em que está alinhada com sua visão geral, depende de sua capacidade de entender facilmente seus objetivos de negócios.

Produzir um pelotão importante

Abrangendo seu estabelecimento requer a construção de um pelotão sólido. Contratar pessoas brilhantes que compartilham sua visão e valores, dando-lhes as ferramentas e o suporte de que precisam para prosperar e cultivando um ambiente de trabalho inovador são exemplos disso. Você pode usar o conhecimento agregado de sua equipe para alimentar o crescimento e a expansão montando um pelotão competente.

Construa seus procedimentos de negócios

Você deve implementar processos eficazes e bem-sucedidos se quiser expandir seu estabelecimento. Isso implica simplificar seus procedimentos de negócios, automatizando-os quando possível e aperfeiçoando continuamente seu fluxo de trabalho. Você pode impulsionar seus negócios, cortar custos e aumentar a qualidade geral de seus produtos ou serviços aperfeiçoando seus procedimentos comerciais.

Usar tecnologia

A tecnologia tem o potencial de ser um instrumento potente para o crescimento de sua empresa. Isso inclui o uso de tecnologias e ferramentas para agilizar as operações, aumentar a produtividade e melhorar a satisfação do cliente. Por exemplo, você pode usar plataformas de mídia social para se comunicar com os hóspedes e promover sua marca, enquanto um sistema de gerenciamento de relacionamento com o cliente (CRM) pode ajudá-lo a gerenciar as relações com os clientes e os dados do negócio.

Amplie o mercado que você atende

Uma das principais táticas para expandir seus negócios é aumentar o alcance de suas solicitações. Isso envolve a escolha de novos pedidos ou peças de pedidos para atingir, criando novos produtos ou serviços para alimentar esses consumidores e estendendo suas redes de distribuição. Você pode aumentar sua base de consumidores, obter mais lucros e diversificar seus negócios ampliando o alcance de suas solicitações.

Estabelecer alianças estratégicas

A criação de alianças estratégicas pode ajudá-lo a expandir sua empresa e atender com eficiência a novas solicitações. Isso envolve unir-se a associações ou empresas que são recíprocas às suas, mas têm pretensões e valores análogos. Você pode abrir novos cofres, admitir informações perspicazes e aproveitar as costeletas de seus colegas para acelerar o crescimento trabalhando com outras empresas.

Criar plutocrata

Para avaliar seu estabelecimento, você precisa constantemente de mais plutocratas para apoiar o desenvolvimento e a expansão. Isso inclui adotar plutocratas, emitir ações e tomar empréstimos de investidores ou associações fiscais. Você pode expandir sua empresa de marketing, comprar novos bens, serviços ou tecnologias, aumentar sua capacidade de operar e muito mais levantando finanças.

Observe e altere sua abordagem

É importante revisar e ajustar continuamente seu plano à medida que sua empresa cresce. Para maximizar seus lucros, você deve acompanhar indicadores de desempenho cruciais (KPIs), como crescimento de lucro, cobranças de aquisição de clientes e taxas de retenção de clientes. Você pode garantir que sua empresa esteja se expandindo de maneira sustentável e econômica acompanhando regularmente o desempenho e modificando seu plano.

Para garantir que o crescimento seja econômico e sustentável, abranger um estabelecimento envolve planejamento e execução rigorosos. Você pode navegar com sucesso pelo crescimento e expansão e avaliar seus negócios definindo suas pretensões e visão de negócios, montando um pelotão sólido, desenvolvendo seus processos de negócios, exercitando a tecnologia, estendendo seu alcance de solicitação, formando conexões estratégicas, levantando capital e acompanhando e modificando sua estratégia . Para garantir que você está promovendo um crescimento sustentável para sua empresa, é fundamental manter suas pretensões em mente, dissecar seu progresso e melhorar continuamente seus estilos.

Capítulo 14

Evitando armadilhas empresariais comuns

A jornada empreendedora é emocionante e cheia de chances e dificuldades. De fato, mesmo os empresários mais experientes podem cometer erros de cálculo devido às inúmeras armadilhas da diligência, apesar da eventualidade de enormes benefícios. Nesta composição, falaremos sobre alguns problemas típicos de negócios e como resolvê-los.

Problemas de Foco

A falta de atenção é um dos erros de cálculo mais comuns nos negócios. Isso pode aparecer de várias maneiras, semelhante a tentar explorar simultaneamente muitas ideias de negócios ou priorizar tarefas inadequadamente. É fundamental priorizar suas pretensões e objetos e ter uma visão clara para que sua empresa escape dessa armadilha. Produza um plano estratégico que explique as pretensões da sua empresa e as ações que você deve tomar para negociá-las.

Delegue ou terceirize tarefas que não são essenciais para o seu negócio principal, para que você possa se concentrar nos ossos

Isso terá a maior influência em sua empresa.

Falha ao confirmar o pedido

A não validação do pedido é outra mamada frequente

Muitos proprietários de empresas têm ideias brilhantes, mas muitas vezes se esquecem de testá-las com clientes reais. É fundamental realizar a exploração do pedido antes de iniciar seu estabelecimento para compreender o pedido do seu alvo, suas demandas e sua disponibilidade para pagar por seu produto ou serviço. Isso pode ajudá-lo a aprimorar sua concepção de negócios, identificar possíveis rivais e criar um plano de marketing que atraia seu público-alvo.

Operação fiscal tímida

Outra armadilha típica do empreendedor é uma operação plutocrática ruim. É fundamental manter registros fiscais adequados e acompanhar cuidadosamente seus ganhos e cobranças. Produza uma estratégia fiscal que detalha seu plano de gastos, projeções de entrada de caixa e metas de lucro. Para ajudá-lo a administrar suas finanças e tomar decisões fiscais sábias, pense em trabalhar com um contador ou consultor fiscal.

Deficiência de Resiliência

Existem inúmeros altos e baixos na jornada empreendedora. É fundamental ter adaptabilidade e capacidade de se recuperar de falhas se você quiser ser um empreendedor de sucesso. Ao desafiar dificuldades ou fracassos, muitos empresários perdem a provocação. Concentre-se em estabelecer adaptabilidade e uma estação de crescimento para evitar cair nessa armadilha. Continue acreditando no que você quer para a sua empresa e admita que os fracassos são oportunidades de crescimento.

Falta de tempo de operação

Para proprietários de empresas que desejam ser produtivos e ter sucesso, as habilidades de gerenciamento de tempo são essenciais. Muitos proprietários de empresas têm problemas para gerenciar seu tempo porque tentam realizar muitas tarefas ao mesmo tempo. Priorize suas tarefas e administre bem seu tempo para evitar essa armadilha. Para ajudá-lo a se manter no caminho certo e gerenciar com sucesso sua carga de trabalho, pense em empregar ferramentas de produtividade como operações de monitoramento de tempo ou software de operação de design.

Falta de delegação

Muitos proprietários de negócios cometem o erro de tentar lidar com tudo por conta própria. Delegar responsabilidades a outras pessoas é tão vital quanto ser ativo e envolvido em seus negócios. Ao atribuir tarefas a outras pessoas, você pode aumentar a produtividade, concentrar-se em suas tarefas principais na fábrica e incentivar as pessoas a aprenderem novos ofícios e a assumirem a responsabilidade por seu trabalho. Para gerenciar sua carga de trabalho e expandir seu estabelecimento, pense em adicionar pessoal, terceirizar o trabalho ou trabalhar com freelancers.

Não ser adaptável

Os empreendedores que desejam ter sucesso em um terreno de negócios em constante mudança devem ser adaptáveis. Muitos donos de negócios se acomodam em seus caminhos e são incapazes de mudar com o tempo ou responder a solicitações de mudanças. Acompanhe os movimentos de solicitação e esteja preparado para alterar seu plano de negócios conforme necessário para evitar essa armadilha. Para expandir sua empresa, esteja aberto a novas generalidades e ameaças.

Concluindo, ser empreendedor é um caminho delicado que exige perseverança, trabalho árduo e fidelidade. Evitar erros de cálculo típicos, incluindo falta de atenção, falha em validar o pedido, operação fiscal ruim, falta de adaptabilidade, operação tímida, falha em delegar e falta de adaptação são fundamentais para o sucesso como empreendedor.

Capítulo 15

Gerenciando suas finanças: orçamento, previsão e fluxo de caixa

A jornada empreendedora é emocionante e cheia de chances e dificuldades. De fato, mesmo os empresários mais experientes podem cometer erros de cálculo devido às inúmeras armadilhas da diligência, apesar da eventualidade de enormes benefícios. Nesta composição, falaremos sobre alguns problemas típicos de negócios e como resolvê-los.

Problemas de Foco

A falta de atenção é um dos erros de cálculo mais comuns nos negócios. Isso pode aparecer de várias maneiras, semelhante a tentar explorar simultaneamente muitas ideias de negócios ou priorizar tarefas inadequadamente. É fundamental priorizar suas pretensões e objetos e ter uma visão clara para que sua empresa escape dessa armadilha. Produza um plano estratégico que explique as pretensões da sua empresa e as ações que você deve tomar para negociá-las. Concentre-se nas tarefas que terão maior impacto no seu negócio e delegue ou terceirize as tarefas que não são essenciais para o seu core business.

Falha ao confirmar o pedido

A não validação do pedido é outra mamada frequente

Muitos proprietários de empresas têm ideias brilhantes, mas muitas vezes se esquecem de testá-las com clientes reais. É fundamental realizar a exploração do pedido antes de iniciar seu estabelecimento para compreender o pedido do seu alvo, suas demandas e sua disponibilidade para pagar por seu produto ou serviço. Isso pode ajudá-lo a aprimorar sua concepção de negócios, identificar possíveis rivais e criar um plano de marketing que atraia seu público-alvo.

Operação fiscal tímida

Outra armadilha típica do empreendedor é uma operação plutocrática ruim. É fundamental manter registros fiscais adequados e acompanhar cuidadosamente seus ganhos e cobranças. Produza uma estratégia fiscal que detalha seu plano de gastos, projeções de entrada de caixa e metas de lucro. Para ajudá-lo a administrar suas finanças e tomar decisões fiscais sábias, pense em trabalhar com um contador ou consultor fiscal.

Não ser flexível

A jornada do empreendedorismo é repleta de altos e baixos. Ser flexível e capaz de se recuperar de lapsos são habilidades essenciais para os empreendedores. Quando confrontados com desafios ou chatices, muitos empresários perdem a provocação. Concentre-se em ter uma mentalidade de crescimento e adaptabilidade da estrutura para evitar cair nessa armadilha. Isso significa que lapsos são aberturas para crescer e aprender e manter o compromisso com a visão do seu negócio.

Falta de tempo de operação

Para proprietários de empresas que desejam ser produtivos e ter sucesso, as habilidades de gerenciamento de tempo são essenciais. Muitos proprietários de empresas têm problemas para gerenciar seu tempo porque tentam realizar muitas tarefas ao mesmo tempo. Priorize suas tarefas e administre bem seu tempo para evitar essa armadilha. Para ajudá-lo a se manter no caminho certo e gerenciar com sucesso sua carga de trabalho, pense em empregar ferramentas de produtividade como operações de monitoramento de tempo ou software de operação de design.

Falta de delegação

Muitos empresários cometem o erro de tentar lidar com tudo por conta própria. Delegar responsabilidades a outras pessoas é tão vital quanto ser ativo e envolvido em seus negócios. Ao atribuir tarefas a outras pessoas, você pode aumentar a produtividade, concentrar-se em suas tarefas principais na fábrica e incentivar as pessoas a aprender novas habilidades e assumir a responsabilidade por seu trabalho. Para gerenciar sua carga de trabalho e expandir seu estabelecimento, pense em adicionar pessoal, terceirizar o trabalho ou trabalhar com freelancers.

Não ser adaptável

Os empreendedores que desejam ter sucesso em um terreno de negócios em constante mudança devem ser adaptáveis. Inúmeros proprietários de empresas se acomodam e não estão aptos a mudar com o tempo ou responder a solicitações de mudanças. Acompanhe os movimentos de solicitação e esteja preparado para alterar seu plano de negócios conforme necessário para evitar essa armadilha. Para expandir sua empresa, esteja aberto a novas generalidades e tomadores de ameaças.

Concluindo, ser empreendedor é um caminho delicado que exige perseverança, trabalho árduo e fidelidade. Evitar erros de cálculo típicos, incluindo falta de atenção, não validar o pedido, operação fiscal ruim, falta de adaptabilidade, operação tímida, falta de delegação e falta de adaptação é fundamental para o sucesso do empreendedor.

Capítulo 16

Gestão eficaz do tempo: Priorizando e Delegando Tarefas

Empresários e diretores de negócios precisam ser diretores em tempo integral. Pode ser delicado administrar com sucesso seu tempo e negociar suas pretensões profissionais quando você tem tantos deveres e responsabilidades a cumprir. Nesta postagem, examinaremos a importância de definir prioridades e atribuir tarefas a outras pessoas como táticas essenciais para o gerenciamento eficaz do tempo.

Colocando tarefas em ordem

Definir prioridades para o trabalho é um dos fatores mais importantes na gestão eficaz do tempo. Você pode se concentrar nas pontuações mais importantes e dedicar seu tempo e recursos de acordo, priorizando seus deveres. A seguir, algumas dicas para definir precedência para suas tarefas.

Escolha suas tarefas mais importantes Comece escolhendo as tarefas mais importantes para atingir seus objetivos de negócios. Isso pode envolver condicionamento que aumenta a felicidade do cliente, atrai novos hóspedes ou gera lucro.

Depois de determinar quais tarefas são mais importantes, ordene-as de acordo com o significado. Leve em consideração o tempo e os recursos necessários para a execução de cada tarefa, bem como o quanto isso pode afetar os objetivos do seu negócio.

Estabeleça Prazos Depois de priorizar suas tarefas; dê a cada um um prazo específico. Isso garantirá que você permaneça responsável e concentrado enquanto avança com suas tarefas mais importantes.

Por último, mas não menos importante, planeje suas tarefas para que você possa usar seu tempo e cofres da maneira mais eficiente possível. Ao planejar tarefas, leve em consideração suas situações de energia e estilo de trabalho e inclua pausas e descanso para evitar o colapso.

Dando Tarefas a Outros

Outra forma essencial para a operação eficaz do tempo é a delegação. Você pode liberar tempo e se concentrar em suas pontuações mais importantes, atribuindo tarefas a outras pessoas. A seguir, algumas dicas para atribuir tarefas com eficiência

Escolha tarefas para atribuir Comece escolhendo tarefas que podem ser atribuídas a outras pessoas. Isso pode incluir trabalho que está fora de sua área de coragem, trabalhos demorados, mas insignificantes, ou efeitos que podem ser concluídos com mais eficiência por outros.

Depois de decidir quais tarefas atribuir, escolha as pessoas aplicáveis para admiti-las. Escolha os membros do pelotão ou trabalhadores mais adequados para assumir cada missão, levando em consideração sua carga de trabalho, experiência e conjunto de habilidades.

Dê instruções específicas ao atribuir tarefas; dar instruções específicas sobre o que deve ser feito, como deve ser feito e quaisquer prazos ou regras aplicáveis. Isso garantirá que o trabalho seja feito de forma eficaz e mansa.

Eventualmente, estabeleça perspectivas precisas para a tarefa e sua conclusão. Isso pode incluir datas de vencimento, critérios de qualidade e qualquer outra informação relevante. Você pode garantir que a tarefa seja concluída de forma satisfatória e evitar quaisquer interpretações errôneas ou falhas de comunicação ao definir perspectivas claras.

Vantagens de estabelecer precedência e delegar

Definir precedência e atribuir deveres a outros são formas de operação de tempo crucial que trazem inúmeras vantagens para proprietários e diretores de negócios. Muitas vantagens de priorizar e delegar incluem o seguinte

Maior Produtividade Você pode aumentar sua produtividade e negociar mais em menos tempo, concentrando-se em seu condicionamento mais importante e atribuindo outras responsabilidades.

Estresse e esgotamento reduzidos Ao garantir que você não está sobrecarregado com sua carga de trabalho, priorizar tarefas e atribuir responsabilidades pode ajudar a reduzir o estresse e o colapso.

Mais tomada de decisões Ao definir precedências e atribuir tarefas a outras pessoas, você pode liberar espaço cerebral e se concentrar em tarefas importantes de tomada de decisões, incluindo a criação de estratégias da empresa ou a chance de novos hóspedes.

Aumento do engajamento manual Ao oferecer aos membros de seu pelotão a chance de assumir novos desafios e responsabilidades, a delegação de tarefas pode ajudar a aumentar o engajamento manual.

Maior flexibilidade Você pode aumentar sua rigidez e inflexibilidade, que são necessárias para gerenciar as condições de solicitação de mudança, delegando tarefas e priorizando sua carga de trabalho. A operação de tempo eficaz por meio da priorização de trabalho e delegação de responsabilidade também pode afetar uma melhor comunicação, um melhor equilíbrio entre vida profissional e pessoal e maior lucratividade, além das vantagens listadas acima.

Melhorando a Comunicação

Você pode melhorar a comunicação dentro de seu pelotão ou associação definindo precedências e atribuindo tarefas. Para garantir que todos estejam no mesmo caminho e trabalhando pelas mesmas pretensões, uma comunicação clara é essencial. Priorizar o trabalho e atribuir tarefas ajuda você a interagir com os membros do seu pelotão de forma mais eficaz, fornecendo instruções e feedback claros para garantir que as tarefas sejam concluídas com rapidez e precisão.

Equilíbrio avançado entre vida profissional

Mais equilíbrio entre vida profissional e pessoal também pode afetar formas de operação de tempo eficazes, como priorização de tarefas e delegação de responsabilidades. Você pode dar mais tempo a si mesmo e à sua vida particular, concentrando-se em seus deveres mais importantes e designando outros. Você pode evitar o colapso, melhorar seu bem-estar interno e, como resultado, tornar-se mais produtivo tanto no trabalho quanto em sua vida particular.

Rentabilidade Avançada

O aumento da lucratividade também pode ser obtido por meio de formas eficazes de operação de tempo, como priorizar o trabalho e atribuir tarefas a outras pessoas. Você pode garantir que sua empresa esteja funcionando de maneira fácil e eficiente, concentrando-se em suas tarefas mais importantes e atribuindo outras tarefas. Isso pode favorecer a fatia de custos, a redução de custos e os avanços na satisfação do cliente, o que pode levar a uma lucratividade avançada.

Dificuldades de priorização e delegação

Embora definir prioridades e atribuir tarefas a outras pessoas possa ter uma variedade de vantagens, há algumas desvantagens a serem levadas em consideração. Em seguida, há muitas dificuldades e resultados típicos

Confiança Se você não tem total confiança nos membros ou trabalhadores de seu pelotão, delegar tarefas pode ser delicado. Para contornar isso, pense em oferecer treinamento ou suporte para dar aos membros de seu pelotão as capacidades e a segurança de que precisam para concluir a tarefa com sucesso.

O trabalho de delegação de microgerenciamento pode ser delicado se você estiver acostumado a estar diretamente envolvido em todos os elementos de sua associação. Estabeleça perspectivas e regras claras com antecedência, ofereça feedback e suporte regulares para garantir que a tarefa seja cumprida de maneira satisfatória e evite o microgerenciamento.

Restrições de tempo Pode ser delicado priorizar bem os trabalhos se você tiver um prazo curto ou muitos cofres. Para contornar isso, pense em dividir o condicionamento maior em porções menores e mais fáceis de administrar e catalogar seu tempo e cofres humildemente.

Resistência à mudança Delegar responsabilidades pode ser uma grande mudança se você estiver acostumado a fazer tudo sozinho. Comece pequeno e atribua tarefas gradativamente para superar a resistência à mudança. Isso permitirá que você aumente a posição de confiança do seu pelotão e facilite a delegação de tarefas para você.

Conclusão

Empresários e diretores de empresas precisam priorizar o condicionamento e atribuir funções a outras pessoas para administrar seu tempo de maneira eficaz. Você pode aumentar sua produtividade, diminuir o estresse e o colapso e aprimorar sua capacidade de opinar, dando prioridade máxima às suas tarefas mais importantes e atribuindo outras tarefas. As vantagens de priorizar e delegar tornam-na uma habilidade fundamental para qualquer empreendedor ou líder empresarial adquirir, apesar das dificuldades que possam surgir. Você pode aproveitar ao máximo seu tempo e seus cofres, negociar seus objetos profissionais e impulsionar sua empresa ao sucesso colocando esses caminhos em prática.

Capítulo 17

Equilíbrio entre vida profissional e pessoal: mantendo sua saúde e seus relacionamentos

Empresários e diretores de empresas devem encontrar um equilíbrio saudável entre sua vida pessoal e profissional. Pode ser delicado encontrar um equilíbrio entre as demandas do trabalho e uma vida particular, mas fazer isso é fundamental para o sucesso a longo prazo, uma vida saudável e conexões sólidas. Este ensaio examinará a importância do equilíbrio entre vida pessoal e profissional e dará algumas dicas para conservá-lo.

A necessidade de equilíbrio entre trabalho e vida pessoal

O equilíbrio entre vida pessoal e profissional é fundamental por uma variedade de razões, incluindo

Saúde mental É fundamental para a sua saúde interna manter um equilíbrio saudável entre vida profissional e pessoal.

Estresse, ansiedade e colapso podem resultar de ultrapassar ou negligenciar sua vida particular. É fundamental dar-se espaço para relaxar e rejuvenescer.

Sua saúde física pode ser afetada por um equilíbrio ruim entre vida profissional e pessoal. Ultrapassar pode causar cansaço, falta de sono e outros problemas de saúde. Você pode manter uma boa saúde física reservando tempo para exercícios, uma dieta nutritiva e uma boa nutrição.

Conexões estabelecer e manter conexões sólidas requer um bom equilíbrio entre trabalho e vida pessoal. Negligenciar sua vida particular pode prejudicar seus laços com a família e os mosqueteiros e fazer você se sentir sozinho.

A produtividade pode aumentar mantendo um equilíbrio saudável entre vida profissional e pessoal, o que nos leva ao nosso ponto final. Você pode concluir outras tarefas em menos tempo quando estiver bem descansado, empolgado e concentrado. A longo prazo, cuidar de si mesmo e fazer pausas pode aumentar sua produtividade.

Estilos para conservar o equilíbrio entre vida profissional e pessoal

Embora manter um equilíbrio entre vida pessoal e profissional possa ser delicado, existem vários estilos que você pode empregar. Então são muitos conselhos

Priorize seu tempo Definir precedência para o seu tempo é um dos efeitos mais importantes que você pode fazer para manter um equilíbrio saudável entre vida profissional e pessoal. No trabalho, concentre-se nas tarefas mais importantes e reserve um tempo para sua vida particular. Assim como faria com as tarefas relacionadas ao seu trabalho, reserve um tempo para si mesmo em sua agenda.

Estabelecer limites entre a vida particular e a profissional é inversamente importante. Não use um tempo específico para verificar e-mails de trabalho ou atender chamadas de negócios. Seja transparente em sua comunicação com seu pelotão e equipe em relação a suas vacuidades e ausências.

Delegue tarefas Você pode liberar tempo para sua vida específica atribuindo tarefas a membros da equipe ou trabalhadores. Trabalhe com seu pelotão para identificar as tarefas que podem ser atribuídas e também certifique-se de que ele tenha o conhecimento e as ferramentas necessárias para executá-las adequadamente.

Faça pausas Fazer pausas regulares pode mantê-lo reenergizado e focado ao longo do dia. Faça uma caminhada, tome um café ou passe algum tempo em profundo estudo ou contemplação. Você pode atualizar e recuperar o foco fazendo essas pausas.

Pratique cuidado com o tom Manter um equilíbrio saudável entre vida profissional e pessoal requer ensaiar o cuidado com o tom. Exercícios, uma dieta balanceada e práticas para aliviar o estresse, como ioga ou contemplação, podem se enquadrar nessa ordem. Não se esqueça de cuidar de si mesmo e de praticar um condicionamento prazeroso.

Figurar laços sólidos A manutenção do equilíbrio entre vida profissional e pessoal depende de laços sólidos com a família e os mosqueteiros. Reserve um tempo para o condicionamento social e tente manter conexões com as individualidades que são importantes em sua vida.

Dizer não é uma habilidade fundamental para estabelecer um equilíbrio saudável entre vida profissional e pessoal. É respeitável recusar outras funções ou sistemas se você se sentir sobrecarregado ou se não tiver tempo para concluí-los.

Coloque os deveres mais importantes em primeiro lugar e também atribua os outros.

Conclusão

Os líderes e empresários da empresa devem manter um equilíbrio entre vida pessoal e profissional. É fundamental para suas conexões, produtividade e vitalidade interna e física. Você pode estabelecer um equilíbrio saudável entre vida profissional e pessoal e sucesso a longo prazo, tanto em sua vida particular quanto profissional, priorizando seu tempo, estabelecendo limites, delegando responsabilidades, fazendo pausas, ensaiando o cuidado com o tom, desenvolvendo conexões fortes e aprendendo a dizer não.

Definir pretensões realistas Outra tática fundamental para conservar o equilíbrio entre vida profissional e pessoal é definir pretensões realistas. Certifique-se de levar em consideração sua vida particular e profissional ao fazer pretensões. Determine o que é mais importante para você e certifique-se de reservar um tempo para essas precedências.

A tecnologia pode ajudá-lo a gerenciar seu equilíbrio entre vida pessoal e profissional, mas também pode ser uma distração. Use a tecnologia com sabedoria para evitar isso. Defina restrições de tempo de tela e evite visualizar e-mails ou despachos relacionados ao trabalho durante seu tempo livre para fazer bom uso da tecnologia.

Durma o Suficiente é fundamental para conservar um equilíbrio saudável entre vida profissional e pessoal. Fadiga, baixa produtividade e outros problemas de saúde podem afetar a falta de sono. Para se manter atualizado e empolgado, tente dormir pelo menos 7 a 8 horas por noite.

Faça intervalos regulares para manter um equilíbrio saudável entre vida pessoal e profissional requer intervalos regulares. De fato, ao iniciar um novo negócio, pode ser tentador trabalhar continuamente, mas fazer pausas é essencial para recarregar as energias e evitar o colapso. Planeje intervalos regulares e use-os para se desligar do trabalho e se concentrar em sua vida particular.

Eventualmente, pedir apoio a outras pessoas pode ajudá-lo a manter um equilíbrio saudável entre vida pessoal e profissional. Resolva suas dificuldades com um membro da família ou amigo de confiança, ou considere a possibilidade de se envolver com um treinador ou terapeuta. À medida que você administra as dificuldades de seu trabalho e de sua vida particular, eles podem oferecer apoio e orientação.

Em conclusão, os líderes empresariais e empreendedores devem manter um equilíbrio saudável entre vida pessoal e profissional. Você pode alcançar um equilíbrio saudável entre vida profissional e pessoal e sucesso a longo prazo, tanto em sua vida particular quanto profissional, priorizando seu tempo, estabelecendo limites, delegando tarefas, fazendo pausas, ensaiando o cuidado do tom, desenvolvendo conexões fortes, estabelecendo pretensões realistas, usando a tecnologia sabiamente, dormir o suficiente, tirar férias

Tempo e busca de apoio. É fundamental ter em mente que mudar o equilíbrio entre vida profissional e pessoal é um processo que requer revisão constante, pois sua precedência como pessoa e como trabalhador muda ao longo do tempo. Mas é possível atingir um equilíbrio satisfatório e duradouro entre o trabalho e a vida pessoal com as táticas e o apoio corretos.

Capítulo 18

Devolvendo: Responsabilidade Social Corporativa e Filantropia

A filantropia e a responsabilidade social comercial (CSR) são fatores significativos na condução de negócios no mundo ultramoderno. As empresas podem ter um impacto salutar em suas comunidades, desenvolver fidelidade à marca e atrair os melhores talentos priorizando a retribuição à sociedade e ao terreno. Essa composição destacará as vantagens da filantropia e da responsabilidade social comercial, bem como estilos coloridos para aplicar essas ideias em sua empresa.

Bens positivos da Filantropia e valorização do caráter da responsabilidade social comercial é uma das principais vantagens da RSE e da filantropia. As empresas podem aumentar a confiança e a fidelidade de clientes, funcionários e partes interessadas, retribuindo às suas comunidades. As empresas podem se destacar dos rivais e produzir uma imagem de marca favorável ao mostrar um compromisso com as questões sociais e ambientais.

Envolvimento aprimorado dos funcionários O envolvimento aprimorado das mãos é um benefício da responsabilidade social comercial e da filantropia. Estudos têm mostrado que quando as pessoas trabalham para um estabelecimento que valoriza questões sociais e ambientais, elas são mais propensas a serem engajadas e motivadas. As empresas podem dar a seus funcionários um senso de direção e significado integrando RSE e caridade em suas práticas comercializáveis.

Fidelidade do cliente é aumentada As empresas que dão alta prioridade à CSR e à caridade podem aumentar a fidelidade do cliente. As empresas que compartilham suas crenças e têm um impacto salutar na sociedade e no terreno são mais propensas a admitir o suporte ao cliente. As empresas podem estabelecer conexões duradouras com seus hóspedes, combinando seus valores com os de seu público-alvo.

As empresas que dão alta prioridade à RSE e à filantropia também têm maior probabilidade de atrair uma excelente força de trabalho. Os trabalhadores estão mais inclinados a desejar trabalhar para uma associação que prioriza questões sociais e ambientais e tem pretensões que vão além do sucesso fiscal. As empresas podem reter e manter os melhores talentos integrando RSE e caridade em suas práticas de mercado.

Formas de integração de CSR e filantropia para o seu negócio

Identifique seus valores Escolher seus valores é o primeiro passo para integrar RSE e caridade em sua empresa. Que questões ambientais e sociais são importantes para você e sua empresa? Depois de determinar seus valores, você pode começar a elaborar um plano de ação para lidar com esses problemas.

Uma ótima maneira de retribuir à sua comunidade e causar um impacto positivo é unir-se a associações sem fins lucrativos. Procure ONGs cujas pretensões e valores sejam análogos aos seus e imagine como vocês dois podem trabalhar juntos em alguns sistemas ou eventos. Você também pode pensar em doar uma parte de seus ganhos para uma instituição de caridade em que acredita.

Seja voluntário em sua comunidade Retribuir à sua comunidade e ter um impacto positivo nela são possíveis por meio do voluntariado. Incentive sua equipe a participar de inaugurações de serviços comunitários ou originais sem fins lucrativos e pense em planejar dias de arrecadação para toda a empresa.

Reduza sua marca ambiental Outro elemento fundamental da RSE é a incorporação de práticas comerciais sustentáveis. Procure medidas para diminuir seu impacto no terreno, como a aplicação de restrições de transporte ecológicas

Reduzir o desperdício e usar fontes de energia renováveis.

Apoiar a diversidade e a adição, outro elemento fundamental da RSC é apoiar a diversidade e a inclusão. Considere adotar o treinamento de diversidade e adição, formar grupos de afinidade e ajudar grupos de recursos manuais como estratégias para promover uma fábrica mais diversificada e inclusiva.

Incentive a doação de mãos, fornecendo folga remunerada para voluntariado ou doações equivalentes a associações sem fins lucrativos. Isso pode mostrar sua fidelidade às questões sociais e ambientais e ajudar sua empresa a promover uma cultura de doação.

Eventualmente, adicionar CSR e filantropia à sua empresa pode ter um bom impacto em sua vizinhança, aumentar a fidelidade do cliente, aumentar o moral das mãos, atrair os melhores presentes e aprimorar seu caráter. Você pode criar uma empresa mais sustentável e motivada pela cobrança definindo seus princípios, unindo-se a organizações sem fins lucrativos, fazendo voluntariado em sua comunidade, diminuindo seu impacto ambiental, promovendo diversidade e adição e incentivando benfeitorias manuais. Lembre-se de que ajudar os outros não é apenas uma atitude ética, mas também pode ter um impacto positivo de longo prazo em suas finanças.

Novas dicas para integrar a RSE e a caridade em sua empresa são fornecidas a seguir. Torne sua cadeia de força social e ambientalmente responsável, levando esses fatores em consideração. Trabalhe com fornecedores que dão alta prioridade a práticas éticas e sustentáveis e pense em estabelecer programas e diretrizes para seus fornecedores para garantir que eles cumpram suas normas ambientais e sociais.

Medir e relatar seu impacto Acompanhar seu desenvolvimento e informar as partes interessadas sobre suas realizações pode ser facilitado medindo e relatando seu impacto social e ambiental. Para cobrir seu sucesso, pense em usar medidas como emigração de carbono, redução de lixo e efeito na comunidade.

Integre a RSE e a filantropia na cultura do seu negócio Dar à sua equipe uma sensação de significado e propósito pode ser alcançado integrando a RSE e a caridade em sua cultura comercial. Considere organizar condicionamentos ou sistemas em toda a empresa que reflitam seus valores e expressem constantemente seu apoio a causas sociais e ambientais.

Seja transparente e autêntico É essencial ser transparente e autêntico ao integrar a RSC e a filantropia em seus negócios. Não participe simplesmente desses condicionamentos para aprimorar seu caráter. Faça um esforço sincero para enfrentar os desafios sociais e ambientais e seja honesto e aberto ao descrever suas crenças e resultados

às suas partes interessadas.

Você pode criar uma empresa mais flexível e voltada para cobranças aplicando essas táticas em sua empresa. Não se esqueça de que ajudar os outros não é apenas moral, mas também pode ser lucrativo para sua empresa a longo prazo. Você pode desenvolver uma base de clientes dedicada, ser um grande dom noviço e ter uma influência salutar em sua vizinhança e no mundo, dando prioridade às questões sociais e ambientais.

Capítulo 19

Preparando-se para o futuro: construindo sua estratégia de saída

Os empreendedores devem considerar o futuro de sua empresa; incluindo como e quando eles querem partir. Esteja você se aposentando, iniciando um novo negócio ou apenas querendo sacar dinheiro, desenvolver uma estratégia de saída pode ajudá-lo a garantir uma transição tranquila quando chegar a hora de deixar sua empresa. Esta composição examinará os rudimentos essenciais da criação de uma estratégia de saída bem-sucedida.

Estabelecer suas pretensões é o primeiro estágio no desenvolvimento de uma estratégia de saída. Você está tentando aumentar o valor da sua empresa? Você se preocupa com o futuro do seu negócio? Você prioriza o sustento da sua família? Ao definir suas pretensões, você pode escolher o curso de ação mais elegante para sua estratégia de partida.

Identificar estratégias implícitas de saída Existem várias estratégias implícitas de saída a serem consideradas, como vender sua empresa a terceiros, dar ações a trabalhadores ou familiares ou abrir o capital. Considere qual sistema se adapta melhor aos seus objetos porque cada um tem vantagens e desvantagens próprias.

Estabeleça o valor de sua empresa Você deve determinar o valor de sua empresa para se preparar para uma saída bem-sucedida. Isso pode ser feito por meio de uma análise de valoração, que levará em conta rudimentos como o desempenho financeiro do seu estabelecimento, tendências de solicitações e tendências de assiduidade.

Prepare seu estabelecimento para o comércio Se você pretende vender seu estabelecimento, é fundamental que o faça o quanto antes. Isso pode aprimorar seus relatórios fiscais, otimizar seus processos de negócios e expandir sua clientela. Para ajudá-lo a navegar no processo de negociação, você também pode querer pensar em contratar um corretor ou advogado.

Produzir um Plano de Corrida É fundamental elaborar um plano de corrida se você pretende entregar o poder de sua empresa a familiares ou trabalhadores. Isso deve envolver a escolha de reservas adequadas, preparando-as para assumir suas responsabilidades e estabelecendo um prazo para a transferência de poder.

Cubra seu negócio É fundamental proteger sua empresa contra armadilhas implícitas enquanto você se prepara para se aposentar. Para garantir que seus interesses sejam protegidos, isso pode envolver a revisão de seus documentos legais, como seu acordo de acionista ou acordo operacional. Além disso, você pode querer pensar em obter um seguro para se proteger de quaisquer responsabilidades.

Por último, mas não menos importante, é fundamental deixar as partes interessadas cruciais; incluindo trabalhadores, convidados e investidores, saibam sobre suas estratégias de partida. Isso garantirá uma transição suave e diminuirá possíveis deslocamentos da empresa.

Isso o ajudará a produzir uma estratégia de saída que o ajudará a negociar seus objetivos e a garantir uma transição suave quando chegar a hora de vender sua empresa. Considere sua estratégia de partida agora porque nunca é cedo demais para começar a planejar o futuro. informações atualizadas sobre cada um dos processos envolvidos na criação de uma estratégia de saída bem-sucedida são fornecidas a seguir.

O curso de ação ideal para sua estratégia de saída será determinado pela facilidade com que você define suas pretensões. Por exemplo, se você deseja maximizar o valor de sua empresa, pode se concentrar em melhorar seu desempenho fiscal e expandir sua clientela. Encontrar um comprador que compartilhe suas crenças e visão para o estabelecimento pode ser seu principal objetivo se você estiver chateado com a herança de sua associação. Você pode querer pensar em dar a um membro de sua família o poder da empresa se estiver preocupado em fornecer móveis para sua família.

Identifique os possíveis estilos de saída Existem vários estilos de saída possíveis a serem considerados, cada um com suas próprias vantagens e desvantagens. Um plano de saída popular é vender sua empresa para terceiros, pois você pode obter um bom retorno sobre seu investimento. Outra opção é dar a familiares ou funcionários o poder da empresa, o que pode ajudar a garantir sua viabilidade a longo prazo. Embora abrir o capital seja uma escolha mais complicada, pode lhe dar acesso a menos apoio e atenção.

Estabeleça o valor de sua empresa Você deve determinar o valor de sua empresa para se preparar para uma saída bem-sucedida. Isso pode ser feito por meio de uma análise de valoração, que levará em conta rudimentos como o desempenho financeiro do seu estabelecimento, tendências de solicitações e tendências de assiduidade. Uma boa avaliação pode ajudar a garantir que você receba um preço justo pela sua empresa.

Prepare seu estabelecimento para o comércio Se você pretende vender seu estabelecimento, é fundamental que o faça o quanto antes. Isso pode incluir aprimorar seus relatórios fiscais, otimizar seus processos de negócios e expandir sua clientela. Para ajudá-lo a navegar no processo de negócios, você também pode querer pensar em contratar um corretor ou advogado. É fundamental ser aberto e honesto com possíveis hóspedes sobre as vantagens e desvantagens de sua empresa.

Produzir um Plano de Corrida É fundamental elaborar um plano de negócios se você pretende entregar o poder de sua empresa a familiares ou trabalhadores. Isso deve envolver a escolha de reservas adequadas, preparando-as para assumir suas responsabilidades e estabelecendo um prazo para a transferência de poder. Para garantir uma transferência de poder impecável, você também pode pensar em criar um acordo de venda e roubo.

Cubra seu negócio É fundamental proteger sua empresa contra armadilhas implícitas enquanto você se prepara para se aposentar. Para garantir que seus interesses sejam protegidos, isso pode envolver a revisão de seus documentos legais, como seu acordo de acionista ou acordo operacional. Além disso, você pode querer pensar em obter um seguro para se proteger de quaisquer responsabilidades.

Por último, mas não menos importante, é fundamental deixar as partes interessadas cruciais; incluindo trabalhadores, convidados e investidores, saibam sobre suas estratégias de partida. Isso garantirá uma transição suave e diminuirá possíveis deslocamentos da empresa. É fundamental ser aberto e verdadeiro sobre suas pretensões e compartilhar o máximo possível de informações importantes sobre o futuro da empresa.

Leva tempo e trabalho para desenvolver uma estratégia de saída eficaz, mas isso é fundamental para o sucesso de longo prazo da sua empresa. Você pode ajudar a garantir uma transição suave quando chegar a hora de deixar seu negócio, definindo suas pretensões, relacionando estratégias de saída implícitas, descobrindo o valor de sua empresa, preparando seu negócio para o comércio, desenvolvendo um plano de corrida, protegendo seu negócio e comunicando seus planos para partes interessadas cruciais.

Capítulo 20

Lições aprendidas: reflexões e percepções de empreendedores de sucesso

Para empresários aspirantes e atuais, aprender com os erros de cálculo e sucessos de grandes empreendedores pode ser uma fonte inestimável de conhecimento. Então estão algumas conformidades e conselhos de empresários prósperos

Continuidade compensa: a continuidade é uma das características mais atuais entre os empresários de sucesso. Diante de obstáculos ou fracassos, eles não desistem; em vez disso, eles continuam avançando. Por exemplo, Elon Musk, o criador da SpaceX e da Tesla, sofreu inúmeros erros de cálculo e perdas antes de alcançar o sucesso com esses negócios.

Aceite o fracasso Embora seja comum perceber o fracasso como uma coisa ruim, os empresários bem-sucedidos o veem como uma oportunidade para melhorar.

Eles entendem que o fracasso é uma parte normal do caminho do negócio e o usam como um trampolim para o sucesso futuro. O criador da Amazon, Jeff Bezos, por exemplo, afirmou que "falha e invenção são metades grossas".

Empresários de sucesso se esforçam muito para resolver problemas e atender às demandas de seus hóspedes. Eles detectam problemas e produzem remédios originais para corrigi-los. Por exemplo, Sara Blakely, a criadora da Spanx, abriu seu negócio a partir de um problema que as mulheres constantemente testemunham com roupas íntimas convencionais.

Figura Brigadas fortes Empresários de sucesso percebem que não podem dar conta de tudo sozinhos, então se cercam de brigadas fortes. Eles trabalham juntos para negociar seus objetos após a contratação de pessoas brilhantes com capacidades recíprocas. Nas palavras de Mark Zuckerberg, o criador do Facebook, "A coisa mais importante que os empreendedores devem fazer é escolher boas pessoas para trabalhar".

Mantenha sua inflexibilidade Empresários de sucesso estão preparados para se aclimatar e mudar de rumo quando necessário. Eles ajustam sua estratégia porque o terreno dos negócios está sempre mudando. O autor de Alibaba, Jack Ma, por exemplo, comentou anteriormente: "Você deve aprender com seu rival, mas eles não são indistinguíveis. Copiar é a morte.

Arrisque-se com cuidado, embora os empresários de sucesso estejam dispostos a arriscar, eles o fazem com cautela. Antes de fazer uma escolha, eles pesam as armadilhas e os preços um em relação ao outro. Por exemplo, quando Steve Jobs, co-fundador da Apple, escolheu produzir o iPhone, ele aceitou uma ameaça, mas valeu a pena.

Mantenha o foco Empresários de sucesso evitam ser desviados por objetos atraentes ou ganhos rápidos, permanecendo concentrados em seus objetos. Eles têm uma ideia distinta de onde querem ir e permanecem casados com isso. Bill Gates, co-fundador da Microsoft, afirmou anteriormente: "É bom comemorar o sucesso, mas é mais importante prestar atenção às lições do fracasso".

Alfabetização ininterrupta Empresários de sucesso estão apreensivos com sua ignorância e buscam laboriosamente novas informações e estratégias. Para aumentar seu conhecimento e aprimorar suas inclinações, eles leem, vão a conferências e procuram orientação. Como ilustração, o magnata da mídia Napoleon Oprah Winfrey afirmou anteriormente que "a educação é a chave para libertar o mundo, um passaporte para a liberdade".

Mantenha sua paixão Empresários de sucesso são entusiasmados com o que fazem e acreditam fortemente no valor dos produtos ou serviços que oferecem. Eles estão comprometidos em ter um impacto positivo no mundo e são motivados por um senso de propósito. De acordo com o autor do Virgin Group, Richard Branson, "se você é apaixonado e agitado por uma mercadoria, é mais provável que dedique tempo e trabalho para torná-la um sucesso".

Em conclusão, obter conhecimento de grandes empresários pode oferecer conselhos e atribuições perspicazes que podem direcionar sua jornada empreendedora. As características dos empreendedores de sucesso podem servir como um roteiro para alcançar o sucesso na empresa e na vida, desde a perseverança e a aceitação do fracasso até a fixação na resolução de problemas e o desenvolvimento de brigadas fortes.